D1729499

Sandra Baensch

Derivate, Entlehnungen und Synonyme des strafrechtlichen Wortschatzes in Luganda

Eine linguistische Analyse

Diplomica Verlag GmbH

Baensch, Sandra: Derivate, Entlehnungen und Synonyme des strafrechtlichen Wortschatzes in Luganda – Eine linguistische Analyse, Hamburg, Diplomica Verlag GmbH 2013

Buch-ISBN: 978-3-8428-8745-9
PDF-eBook-ISBN: 978-3-8428-3745-4
Druck/Herstellung: Diplomica® Verlag GmbH, Hamburg, 2013

Bibliografische Information der Deutschen Nationalbibliothek:
Die Deutsche Nationalbibliothek verzeichnet diese Publikation in der Deutschen Nationalbibliografie; detaillierte bibliografische Daten sind im Internet über http://dnb.d-nb.de abrufbar.

© Diplomica Verlag GmbH
Hermannstal 119k, 22119 Hamburg
http://www.diplomica-verlag.de, Hamburg 2013
Printed in Germany

Inhaltsverzeichnis

Abkürzungen

Appl	Applikativ
Aug	Augment
DerSuf	Derivationssuffix
FV	Finalvokal
Gen	Genitivpartikel
Kaus	Kausativ
Kl	Klasse
Inf	Infinitiv
Pass	Passiv
Pl	Plural
Poss	Possessiv
Präp	Präposition
Rel	Relativ
S	Subjekt
Sg	Singular

1 Einleitung

Obutemu obugenderera okusaanyaawo ettundutundu ly'abantu nga balangibwa oluse lwabwe, eddiini yaabwe, oba langi yaabwe¹ erscheint auf den ersten Blick lediglich eine Satzkonstruktion in Luganda zu sein. In der Strafrechtsterminologie des Luganda demonstriert die obige Konstruktion jedoch die Umschreibung des Begriffs „Genozid", die der ugandische Rechtswissenschaftler und Richter am Internationalen Strafgerichtshof Daniel Nsereko im Rechtswörterbuch auflistet. Die Konstruktion *Omutemu omwendule atta omuntu omututumufu olw'ensonga z'ebyobufuzi²* fällt ebenso in die Kategorie der umschreibenden Strafrechtstermini. Dieser mehrgliedrige Strafrechtsterminus paraphrasiert den Begriff „Mörder", der in der Strafrechtsterminologie des Luganda jedoch auch mit anderen eigensprachlichen Mitteln wie etwa im Wege der Derivation umgesetzt wird. Neben der Umschreibung lassen sich für die Bezeichnung „Mörder" daher auch die Deverbativa *omussi* und *omutemu* finden, die beide Anfang des 20. Jahrhunderts zum Fachwortschatz des Strafrechts gehörten und auch gegenwärtig noch im Fachsprachgebrauch anzufinden sind. Die hier demonstrierten Strafrechtstermini verschaffen den ersten Einblick sowohl in die Terminologiebildung als auch in die Entwicklung der Strafrechtstermini des Luganda, die in der vorliegenden Studie thematisiert werden.

1.1 Zielsetzung

In der vorliegenden Studie wird eine linguistische Analyse der Strafrechtsterminologie des Luganda vorgenommen. Der Fokus liegt dabei auf der Untersuchung der Terminologiebildung im Bereich des Strafrechtswesens. In erster Linie soll hier insbesondere der Frage nachgegangen werden, welche Strategien der Terminologiebildung verwendet werden. Insbesondere soll dabei herausgefunden werden, ob sich die Strafrechtsterminologie des Luganda etwa aus Begriffen zusammensetzt, die mit eigensprachlichen Mitteln gebildet werden oder ob die Strafrechtsterminologie vielmehr von englischen Lehnwörtern geprägt ist, weshalb bei der linguistischen Analyse der Strafrechtsterminologie des Luganda auch der Einfluss der englischen Sprache zu berücksichtigen ist. Zudem soll ebenfalls aufgezeigt werden, ob es mehrere Bezeichnungen für eine rechtsspezifische Bedeutung gibt, was in den Fachsprachen im Allgemeinen nicht selten der

---

¹ „Mord, der beabsichtigt eine Gruppe von Menschen aufgrund ihrer Herkunft, Religion oder Hautfarbe zu zerstören" (Übersetzung der Verfasserin).
² „Mörder, der beauftragt wird, eine bekannte Person hinsichtlich politischer Angelegenheiten zu töten." (Übersetzung der Verfasserin).

Fall ist. Da sich Fachsprachen wie Alltagssprachen generell laufend verändern und ständig mit neuem Vokabular bereichert werden, ist in diesem Zusammenhang auch interessant zu erfahren, inwieweit sich die Strafrechtsterminologie bis dato verändert hat. Es soll hierbei wenn möglich herausgefunden werden, ob Strafrechtstermini, die Anfang des 20. Jahrhunderts bzw. vor der Unabhängigkeit Ugandas von den im Königreich der Baganda tätigen Juristen verwendet wurden, auch heute noch nach der Unabhängigkeit Ugandas zum Vokabular der Strafrechtsterminologie des Luganda gehören.

Die Strafrechtsterminologie des Luganda stellt nicht nur ein interessantes Forschungsgebiet dar, sondern war bis zum Zeitpunkt der Abfassung dieser Studie in keiner wissenschaftlichen Untersuchung abgehandelt worden. Die linguistische Analyse der Strafrechtsterminologie in Luganda stellt insofern bis dato die Einzige auf diesem Gebiet dar und trägt damit zur sprachwissenschaftlichen Forschung bei.

1.2 Aufbau der Studie

Die vorliegende Studie gliedert sich insgesamt in vier Kapitel. Das erste Kapitel stellt die Einleitung dar, in welcher das Thema vorgestellt wird. Außerdem wird beschrieben, welche Ziele in dieser Untersuchung angestrebt werden. Im ersten Kapitel wird ebenso der Aufbau der Studie erläutert. Ferner beschäftigt sich das einleitende Kapitel mit den in der vorliegenden Studie angewandten Methoden. Es wird näheres zur Datenerhebung, zur Darstellung der Daten sowie zur Datenauswertung erzählt. Weiterhin liefert dieses Kapitel einen Überblick über den Forschungsstand.

Das zweite Kapitel liefert allgemeine Informationen sowohl zum Land Uganda als auch zur Sprache Luganda und gibt einen ausführlichen Überblick über dessen Verbreitung, Status und Verwendung in Schulen, im Radio, Fernsehen und im Internet. Auf die Entstehung des britischen Rechtssystems in Uganda wird im zweiten Kapitel ebenso ausführlich eingegangen. Des Weiteren befasst sich dieses Kapitel mit der Entwicklung der Gesetzespublikationen und der Rechtsterminologie in Luganda. Ferner wird in diesem Kapitel darüber diskutiert, ob die Strafrechtssprache eine Fachsprache darstellt. Auch werden im zweiten Kapitel die einzelnen Quellen, aus welchen die Daten für meine linguistische Analyse entnommen wurden, vorgestellt. Das zweite Kapitel leitet über zum Hauptteil der Studie, welches das dritte Kapitel demonstriert.

Im dritten Kapitel erfolgt die linguistische Analyse der strafrechtsspezifischen Termini aus dem von mir zusammengestellten Datenkorpus. Der linguistischen Analyse geht eine kurze Beschreibung der besonderen linguistischen Merkmale des Luganda voraus, in der u.a. das Nominalklassensystem und die für Klassensprachen typischen Merkmale anhand von Beispielsätzen aus dem Luganda veranschaulicht und erläutert werden. Anschließend folgt die Analyse einzelner aus dem Datenkorpus selektierter Strafrechtstermini. Die einzelnen Strategien der Terminologiebildung werden hier anhand dieser Strafrechtstermini veranschaulicht und beschrieben. Außerdem beschäftigt sich das dritte Kapitel mit den synonymen Strafrechtstermini. Ferner wird in einem weiteren Abschnitt des Kapitels die Entwicklung der Strafrechtstermini beschrieben.

Das vierte und damit letzte Kapitel der Untersuchung führt die herausgefundenen Ergebnisse der linguistischen Analyse der Strafrechtsterminologie des Luganda zusammen. Auch werden in diesem Kapitel weitere mögliche Forschungsthemen angesprochen.

Im Anhang der vorliegenden Studie befindet sich der gesamte zusammengestellte Datenkorpus der Strafrechtstermini in tabellarischer Form.

1.3 Methoden

1.3.1 Datenerhebung

Die für die linguistische Analyse erforderlichen Daten wurden aus insgesamt drei Quellen entnommen. Das vom Rechtswissenschaftler Daniel Nsereko verfasste Rechtswörterbuch *English-Luganda Law Dictionary* lieferte eine große Anzahl der Daten. Als weitere Quelle diente das in der Sprache Luganda verfasste und von der Menschenrechtsorganisation *Foundation for Human Rights Initiative* (FHRI) herausgegebene Handbuch zur Menschenrechtsbildung *Ekitabo Ekiyamba Okumanya Amateeka*[3]. Ferner wurde die Wortliste mit Rechtstermini aus dem Aufsatz *Legal Publications in an African Vernacular*, der vom ehemaligen Rechtsberater des Königreichs Buganda, Edwin Haydon, geschrieben wurde, herangezogen. Aus allen hier erwähnten Quellen wurden jeweils diejenigen Begriffe entnommen, die sich auf den Bereich des Strafrechts beziehen.

---

[3] „Das Buch, das hilft die Gesetze zu verstehen bzw. kennen zu lernen" (wörtl. Übersetzung).

1.3.2 Darstellung der Daten

In allen Quellen, im Rechtswörterbuch, Handbuch zur Menschenrechtsbildung sowie in der Wortliste, sind nicht nur Strafrechtstermini enthalten, sondern erfassen zusätzlich auch Termini aus dem Öffentlichen Recht und dem Zivilrecht. Es wurde aus diesem Grund die englischen Strafrechtswörterbücher *A Handbook of Criminal Law Terms* von Garner (2000) und *A Dictionary of Criminal Law Terms* von Fletcher (2006) herangezogen, die bei der Entscheidung, ob ein Begriff dem Strafrecht oder einem anderen Rechtsgebiet zuzuordnen war, zur Orientierung dienten. Die aus den Quellen entnommenen Strafrechtsbegriffe wurden tabellarisch aufgelistet. Begriffe, die im Handbuch der Menschenrechtsorganisation mehrmals vorkommen, wurden im Datenkorpus jeweils nur einmal erfasst. Es ist auf diese Weise ein Datenkorpus, der nicht nur einen Überblick über die vorhandenen Strafrechtstermini verschafft, sondern auch die linguistische Analyse dieser erleichtert, mit insgesamt 396 Fachtermini des Strafrechts entstanden.

Der gesamte Datenkorpus befindet sich in Tabelle I im Anhang der vorliegenden Studie. Tabelle I ist nach den Luganda-Termini alphabetisch geordnet und gibt Aufschluss über die jeweils verwendete Wortbildungsstrategie. In der zweiten Spalte dieser Tabelle befinden sich die englischen Strafrechtstermini und in einer weiteren Spalte liegt jeweils die deutsche Übersetzung der englischen Begriffe vor. Ferner ist in einer weiteren Spalte der Tabelle die Quelle angegeben, aus der die jeweiligen Termini entnommen wurden. Bei Termini, die nicht nur im Rechtswörterbuch genannt sind, sondern zusätzlich in der Wortliste und/oder auch im Handbuch der Menschenrechtsbildung vorkommen, ist mehr als eine Quelle angegeben.

Im Anhang der vorliegenden Studie finden sich noch zwei weitere Tabellen. In Tabelle II sind die Synonyme aufgelistet. Um einen besseren Überblick über die in den Quellen synonym gebrauchten Termini zu bekommen, sind diese nach den deutschen Übersetzungsäquivalenten alphabetisch geordnet. In einer weiteren Spalte liegen ebenfalls die englischen Rechtsbegriffe vor. Außerdem befinden sich in zwei weitere Spalten der Tabelle II die Quellenangabe des jeweiligen Begriffs sowie Angaben zur verwendeten Wortbildungsstrategie.

In Tabelle III wird versucht, die Entwicklung der Strafrechtstermini zu reflektieren. In der ersten Spalte der Tabelle III liegen alle die im Datenkorpus aufgelisteten Strafrechtstermini alphabetisch geordnet vor. In der zweiten Spalte befinden sich die englischen Strafrechtsbegriffe. Um die Entwicklung einzelner Strafrechtstermini zu verdeutlichen und zu veranschaulichen, wurden noch zwei weitere Quellen hinzugezogen. Diese stellen zwei Wörterbücher aus den Publikationsjahren 1952 und 2009 dar. Alle Strafrechtstermini wurden in diesen Wörterbüchern nochmals nachgeschlagen. In den anderen fünf Spalten der Tabelle ist jeweils dokumentiert, in welcher Quelle die Strafrechtstermini verwendet werden bzw. ob diese in den Wörterbüchern vorkommen. Es wurde jeweils ein „Ja" gesetzt, wenn der Terminus in der verwendeten Quelle benutzt wird. Ein „Nein" bedeutet hingegen, dass der Terminus in der Quelle nicht vorkommt. Bei einigen Termini stehen lediglich englische oder Luganda-Begriffe. In diesen Fällen ist entweder der Luganda-Strafrechtsterminus in den Quellen mit einer anderen Bedeutung vertreten oder der englische Terminus ist dort mit einem anderen Ausdruck in Luganda umgesetzt worden. Beim ersteren findet sich in der Spalte ein englischer Ausdruck, während beim letzteren ein Luganda-Terminus steht. Ein in Klammern gesetzter Begriff bedeutet, dass dieser nicht rechtsspezifischer Natur ist.

In allen drei Tabellen ist auf die weibliche Form aus Gründen besserer Lesbarkeit verzichtet worden. So beinhalten alle männlichen Bezeichnungen auch die weibliche Form.

1.3.3 Datenauswertung

Jeder der im Datenkorpus aufgelisteten Strafrechtstermini wurden nach den in der Sprachwissenschaft vorkommenden Wortbildungsverfahren analysiert. Einige der Strafrechtstermini wurden aus dem Datenkorpus selektiert und als Beispiele im Text aufgeführt. Anhand der Beispiele wurden jene Strategien, die zur Bildung der Termini genutzt werden, veranschaulicht und beschrieben. Zur näheren Klärung hinsichtlich der Bedeutung einzelner Strafrechtstermini stand mir mein Informant zur Seite, der Luganda als Erstsprache spricht und außerdem Rechtswissenschaft studiert.

Einige der in der Tabelle II aufgelisteten synonymen Strafrechtstermini wurden ebenfalls selektiert und dienen im Text als Beispiele zur Veranschaulichung nominaler und verbaler Synonyme im Bereich des Strafrechtswesens.

Die Entwicklung der Strafrechtstermini wird in erster Linie anhand der Tabelle III aufgezeigt. Anhand einiger selektierter Strafrechtstermini wurde die Entwicklung im Text dargelegt und beschrieben. In einigen Fällen wurde auch hier mein Informant zur

Klärung der Bedeutung einzelner in den Quellen vorkommenden Begriffe hinzugezogen.[4]

1.4 Forschungsstand

Luganda ist quantitativ die mit Abstand am besten erforschte und dokumentierte Sprache Ugandas. Es lassen sich eine Reihe von Arbeiten finden, die sich überwiegend mit den phonologischen und morphologischen Aspekten des Luganda auseinandersetzen. So befasst sich beispielsweise John Kalema mit den Tonklassen des Luganda (1977), während Francis Katamba und Larry Hyman Nasalität und Morphemstrukturen in Luganda (1991) untersuchen. Daneben gibt es eine umfangreiche Grammatik von Ethel Ashton (1954), die u.a. eine ausführliche Beschreibung zur Derivation in Luganda liefert und für die vorliegende Studie herangezogen wurde. Im Bereich der Lehnwortforschung gibt es bisher nur wenige Untersuchungen. Livingstone Walusimbi, Professor am Sprachinstitut der Makerere Universität, hat eine interessante Fallstudie über Entlehnung in Luganda herausgebracht (2002). In dieser untersucht er den Einfluss fremder Sprachen auf Luganda. Er präsentiert eine Reihe von Lehnwörtern aus dem Bereich der Religion, der Medizin, dem Geschäfts- sowie Rechtswesen und erklärt, aus welcher Sprache die einzelnen entlehnten Lexeme stammen. Sowohl Walusimbis Fallstudie als auch die Arbeit von Mosha (1971), in der die Faktoren der Entlehnung untersucht werden und erläutert wird, wie Lehnwörter in das grammatische System des Luganda integriert werden, wurden für die vorliegende Studie herangezogen.

Arbeiten über die Rechtssprache stellen auf dem afrikanischen Kontinent eher eine Ausnahme dar. Eine Arbeit, die sich auf die Rechtssprache in Luganda bezieht, wurde von dem ehemaligen Rechtsberater des Königreichs Buganda Edwin Haydon (1962) verfasst. Er beschreibt in dieser, welche Gesetzestexte und Rechtsvorschriften seit Anfang des 20. Jahrhunderts in Luganda publiziert wurden und erläutert, wie die Bildung neuer Rechtstermini in Luganda in dieser Zeit statt gefunden hat. Ferner präsentiert er in seinem Aufsatz eine Wortliste mit Rechtstermini, die als Untersuchungskorpus für die vorliegende Studie diente. Einen eher linguistischen Forschungsansatz betreibt Rüdiger Köppe (1998) in seinem Aufsatz, in welchem er die Rechtsterminologie in Swahili am Beispiel des tansanianischen Eherechts analysiert und ebenso auf die Entwicklung eingeht. Andere Arbeiten über die Rechtssprache befassen sich vor allem

---

[4] Dies geschah in Fällen, in denen der Strafrechtsterminus in den Wörterbüchern mit einem anderen Begriff vertreten ist. Bei diesem Begriff wurde dann geklärt, ob dieser rechtsspezifischer Natur ist.

mit der Frage, welche Sprache vor afrikanischen Gerichten verschiedener Instanzen verwendet wird.

2 Einblick in die Sprache, in die Rechtsgeschichte und -publikationen Ugandas, und zum Untersuchungskorpus

2.1 Zur Sprache

2.1.1 Verbreitung

Nördlich von Afrikas größter Wasserfläche, dem Viktoriasee, erstreckt sich Uganda, ein Land, das zwei Sprachfamilien, die nilosaharanische und die Niger-Kongo-Sprachfamilie, beherbergt. Während die nilosaharanischen Sprachen im Norden und Nordosten des Landes beheimatet sind, sind die Sprachen der Niger-Kongo-Sprachfamilie im Süden und Südwesten Ugandas verbreitet. Laut dem Ethnologue werden insgesamt 43 Sprachen in Uganda gesprochen.[5] Das Soo[6] stellt unter den in Uganda insgesamt 43 beheimateten Sprachen die Sprache mit den wenigsten Sprechern dar und wird zusammen mit 19 anderen Sprachen, die nördlich und nordöstlich des Landes gesprochen werden, der nilosaharanischen Sprachfamilie zugeordnet. Die nilosaharanische Sprachfamilie ist mit ihren schätzungsweise 8 Millionen Sprechern die kleinste Sprachfamilie Ugandas.[7] Der Großteil der in Uganda gesprochenen Sprachen gehört den Bantusprachen an, der größten sprachlichen Unterfamilie in Afrika (Jungraithmayr & Möhlig 1983: 42). Etwa 15 Millionen Menschen sind Muttersprachler der in Uganda beheimateten Bantusprachen,[8] die in ihrem gesamten Verbreitungsgebiet südlich der Sahara insgesamt etwa 300 Sprachen umfasst und deren bekannteste Vertreterin das Swahili darstellt. Die Bantusprachen, die vor allem südlich des Äquators verbreitet sind, werden genealogisch dem bantoiden Zweig des Benue-Congo, einer Unterfamilie des Niger-Kongo, zugeordnet (vgl. Jungraithmayr & Möhlig 1983: 42).

Luganda ist eine der in Uganda 23 gesprochenen Bantusprachen. Sein Sprachgebiet befindet sich nordwestlich des Viktoriasees, im ehemaligen Königreich Buganda und ist umgeben von anderen Bantusprachen. Im Südwesten grenzt es an das Sprachgebiet der Bantusprache Haya, das sich bis in den nördlichen Teil von Tansania erstreckt. Schätzungsweise gibt es mehr als 500,000 Sprecher des Haya (Jungraithmayr & Möhlig

---

[5] Ethnologue, Uganda: http://www.ethnologue.com/show_country.asp?name=UG [25.5.2011].
[6] Einer Zählung aus dem Jahr 1972 zufolge hatte das Soo 5,000 Sprecher (http://www.ethnologue.com/show_language.asp?code=teu [27.5.2011]).
[7] Ethnologue, Uganda: http://www.ethnologue.com/show_country.asp?name=UG [25.5.2011].
[8] Ethnologue, Uganda: http://www.ethnologue.com/show_country.asp?name=UG [25.5.2011].

1983: 107). Regional stellt Haya eine wichtige Sprache dar (ebd.). Es ist aber außer einigen älteren Aufzeichnungen wenig über diese Sprache bekannt (ebd.). Im Westen des Sprachgebiets von Luganda sind die Bantusprachen Runyankore, Rutooro und Runyoro beheimatet. Runyankore ist mit etwa 2,3 Millionen Sprechern die zahlenmäßig größte Sprache.[9] Rutooro und Runyoro, die lexikalisch sehr ähnlich sind,[10] werden von der Regierung als eine Sprache erfasst. Die Batooro und die Banyoro, die einst eine Volksgruppe waren, akzeptieren diese Entscheidung (vgl. Walusimbi 1972). Nicht selten wird das Rutooro sogar nur als ein Dialekt des Runyoro verstanden (vgl. Walusimbi 1972:147). Nördlich des Sprachgebiets von Luganda wird das Ruuli gesprochen, das mit 160,000 Sprechern die zahlenmäßig kleinste der von Luganda benachbarten Sprachen darstellt.[11] Im Osten befindet sich das Sprachgebiet des Lusoga, das laut einer Zählung aus dem Jahr 2002 von etwa 2 Millionen Menschen gesprochen wurde.[12] Neben den benachbarten Bantusprachen gibt es noch weitere Sprachen, die unmittelbar in Kontakt mit Luganda stehen. Insbesondere im Zentrum des Sprachgebiets, in der Hauptstadt Ugandas, wo Menschen verschiedener Sprachgemeinschaften aufeinander treffen, kommt das Luganda mit verschiedenen Sprachen in Berührung. Hierzu zählen neben den nilotischen und zentralsudanischen Sprachen, etwa das Swahili, das Arabische, das Englische sowie die indischen Sprachen Hindi[13] und Gujarati[14]. Die Berührung mit diesen Sprachen führt nicht selten zur Aufnahme zahlreicher Wörter dieser Sprachen in den Wortschatz des Luganda. So wurde eine Anzahl von Wörtern in Luganda besonders aus dem Englischen, Arabischen und dem Swahili entlehnt (Walusimbi 2002: 55).

Luganda verfügt im Vergleich zu anderen in Uganda gesprochenen Sprachen nicht nur über ein sehr großes Sprachgebiet. Es ist auch mit seinen 4 Millionen Sprechern die zahlenmäßig größte Sprache Ugandas. Diese Sprecheranzahl geht aus einer Zählung des Ethnologue aus dem Jahr 2002 hervor und erfasst jedoch nur die in Uganda lebenden Menschen. Daher kann davon ausgegangen werden, dass es weltweit insgesamt mehr

---

[9] Ethnologue, Runyankore: http://www.ethnologue.com/show_language.asp?code=nyn [25.5. 2011].
[10] Laut den Angaben aus dem Ethnologue besteht zwischen Rutooro und Runyoro eine lexikalische Ähnlichkeit von bis 93 Prozent (http://www.ethnologue.com/show_language.asp?code=nyo).
[11] Ethnologue, Ruuli: http://www.ethnologue.com/show_language.asp?code=ruc [25.5.2011].
[12] Ethnologue, Lusoga: http://www.ethnologue.com/show_language.asp?code=xog [25.5.2011].
[13] Hindi hat einer Zählung zufolge aus dem Jahr 1994 etwa 2,200 Sprecher in Uganda gehabt. Die Sprecherzahl dürfte sich gegenwärtig erhöht haben. Ethnologue, Uganda, Hindi: http://www.ethnologue.com/show_language.asp?code=hin [30.5.2011].
[14] Gujarati wurde im Jahr 1986 von 147,000 Menschen in Uganda gesprochen. Mittlerweile dürfte sich aber die Sprecherzahl erhöht haben. Ethnologue, Uganda, Gujarati: http://www.ethnologue.com/show_language.asp?code=guj [30.5.2011].

Lugandasprecher gibt. Darüber, wie viele Sprecher es insgesamt auf der Welt gibt, kann jedoch nur vermutet werden.

Luganda wird als Erstsprache von etwa 16 Prozent der Gesamtbevölkerung Ugandas gesprochen (Criper & Ladefoged 1971: 149). Betrachtet man sich einzig und allein nur diesen Prozentsatz, so ist kaum vorzustellen, dass Luganda die zahlenmäßig größte Sprache des Landes darstellt. Zieht man jedoch noch weitere Prozentsätze anderer Sprachen heran, so wird schnell klar, dass diese Aussage seine Richtigkeit hat. Criper und Ladefoged geben in ihrem Aufsatz *Linguistic Complexity in Uganda* aussagekräftige Prozentsätze. Über die Hälfte der in Uganda beheimateten Sprachen werden nur von etwa 2 Prozent der Gesamtbevölkerung gesprochen (vgl. Criper & Ladefoged 1971: 148). Von den 43 Sprachen werden nur 8 Sprachen von mehr als 5 Prozent der Bevölkerung gesprochen (vgl. Criper & Ladefoged 1971: 149). Luganda ist die einzige Sprache, die von mehr als 8 Prozent der Bevölkerung gesprochen wird (vgl. ebd.). Derartige Prozentsätze sind in einem sprachenvielfältigen Staat aber auch nicht anders zu erwarten. Da das Sprachgebiet von Luganda sich im Zentrum des Landes befindet, wird Luganda von vielen Menschen anderer Sprachgemeinschaften als Zweitsprache verwendet. So spricht oder versteht mindestens 65 Prozent der Bevölkerung Ugandas Luganda (Nsereko 1993: iii).

2.1.2 Status

Obgleich Luganda im Süden Ugandas den Charakter einer Lingua Franca aufweist, wird die Sprache von der Regierung nicht als Verkehrssprache des Landes anerkannt (Jungraithmayr & Möhlig 1983: 107; vgl. Mosha 1971: 233f). Betrachtet man jedoch die Geschichte von Uganda, so ist festzustellen, dass Luganda einst den Status einer Lingua Franca im gesamten Uganda innehatte. Ferner wies Luganda im Gegensatz zu ihren benachbarten Sprachen schon damals vor der Unabhängigkeit Ugandas einen Sonderstatus auf. Dieser besondere Status geht auch aus einer Vereinbarung aus dem Jahr 1900 hervor, die zwischen dem britischen Protektorat und dem ehemaligen Königreich Buganda festgelegt wurde (Ladefoged & Glick & Criper 1972: 23). In dieser Vereinbarung wurde geregelt, dass Luganda als einzige Sprache Ugandas in den politischen Institutionen sowie in allen Einrichtungen des Königreichs Buganda weiterhin verwendet werden durfte (ebd.). Diese Regelung verlieh Luganda automatisch den Sonderstatus und hob sie gleichzeitig von den anderen Sprachen ab (ebd.). Den Sonderstatus bzw. den Status als Lingua Franca hatte Luganda jedoch nicht nur auf dem Papier. Das Königreich Buganda hatte durch das besondere Verhältnis mit der britischen Krone eine Monopollstellung (Ladefoged & Glick & Criper 1972: 24). Im gesamten Uganda wurden Verwaltungsapparate errichtet, die von den Baganda verwaltet wurden (ebd.). Dies hatte zur Folge, dass Luganda nicht nur im Königreich Buganda gesprochen wurde, sondern im gesamten Land (ebd.). Auf diese Weise wurde nicht nur die Verwendung des Luganda als Lingua Franca bestrebt, sondern es wurde zudem auch Macht und Einfluss der Baganda unter der Schirmherrschaft der Briten gewährleistet. Dies wiederum sicherte den hohen Status ihrer Sprache sowie die Position als Verwaltungssprache (ebd.). Nach der Unabhängigkeit Ugandas übernahm Englisch die Position als Administrationssprache und wurde auch von der Regierung als offizielle Landessprache anerkannt (ebd. 24). Über den Status der ugandischen Sprachen hat die Regierung bisher nicht eindeutig entschieden.[15] Das Swahili, das damals und teilweise auch heute noch beim Militär und bei der Polizei verwendet wurde und wird und in diesem Bereich als Lingua Franca verstanden wird, wurde im Jahr 1927 in allen drei ostafrikanischen Staaten, Uganda, Tansania und Kenia, als offizielle Landessprache vorgeschlagen (Criper & Ladefoged 1971: 150). Der Vorschlag wurde in Uganda allerdings schnell verworfen (ebd.). Den Status der offiziellen Landessprache hat Swahili nur im Nachbarstaat Tansania (ebd.). In allen anderen Staaten des östlichen Afrikas ist Swahili als Verkehrssprache verbreitet, hat jedoch keinen offiziellen Status (Criper & Ladefoged 1971: 151). Die Einführung des Swahili in den Schulen Ugandas stieß auf weit verbreitenden Widerstand, der besonders vor allem von den Baganda herrührte (Ladefoged & Glick & Criper 1972: 24). Sie sahen nicht nur ihre politische Macht, sondern auch den Status ihrer Sprache bedroht (ebd.). Durch den Einfluss der Baganda behielt die englische Sprache die Position als offizielle Landessprache bei. Mittlerweile wird Englisch auch als Lingua Franca der gebildeten Elite bezeichnet (Criper & Ladefoged 1971: 150).

2.1.3 Verwendung

Luganda war bis zur Ankunft der ersten Missionare im Jahr 1877 eine rein gesprochene Sprache und entwickelte sich als erste Sprache des Landes zur Schriftsprache, als im Jahr 1882 die erste von Missionaren verfasste Grammatik erschien (Walusimbi 2001:

---

[15] In der Verfassung von 1995 wird unter „Rights to culture and similar rights" bestimmt, dass zu kulturellen Zwecken die Sprachwahl frei ist. Constitution 1995:31, Art. 39.

9). Weitere Grammatiken, Wortlisten und Wörterbücher in Luganda wurden im Laufe der Jahre ebenfalls gedruckt (Rowe 1969: 20). Die Missionare verbreiteten das Christentum im Land u.a. dadurch, indem sie religiöses Lesematerial in Luganda publizierten. So kam im Jahr 1896 eine Übersetzung der Bibel in Luganda heraus, die die Erste in Uganda darstellte. Erst im Jahr 1912 erschien die nächste Bibelübersetzung in Runyoro/Rutooro. Der Großteil der Bibelübersetzungen in einer lokalen Sprache wurde allerdings erst Mitte bis Ende des 20. Jahrhunderts angefertigt (Walusimbi 2001: 9). Die Missionare übernahmen ferner die Aufgabe, den Menschen Lesen und Schreiben in Luganda bei zu bringen. Da der Unterricht in der Muttersprache stattfand, wurden viele Menschen sehr schnell gebildet. Auch Menschen anderer Sprachgemeinschaften nahmen an dem Unterricht teil (Mosha 1971: 289; Walusimbi 2001: 9).

Anfang des 20. Jahrhunderts begann die Ära der Literatur in Luganda. Neben religiösen Publikationen, wurden viele historische und politische Bücher und Aufsätze publiziert (Rowe 1969: 26). Im Jahr 1901 erschien das erste in Luganda geschriebene historische Buch, *Basekabaka be Buganda*.[16] Dieses war Mitte des 20. Jahrhunderts neben dem *Ekitabo Ekitukuvu*,[17] der Bibel, wohl das am meisten bekannte Buch in Luganda, das außerdem viele Studenten nutzten um sich über die Geschichte des Königreichs Buganda zu infomieren. Eine hervorragende Übersetzung dieses Buchs in Englisch wurde von Simon Musoke am ostafrikanischen Institut für Sozialforschung angefertigt. Verfasst wurde das historische Buch von dem damaligen Premierminister Apollo Kagwa, der auch noch weitere historische Bücher geschrieben hat (Rowe 1969: 21f). Erst im Jahr 1947 wurde eine Standardisierung der Orthographie von Luganda wurde in der *All-Baganda* Konferenz präsentiert, die sowohl von der Buganda Regierung als auch vom britischen Protektorat anerkannt wurde (Walusimbi 2001: 10). Bis Mitte des 20. Jahrhunderts wurden zahlreiche Bücher in Luganda publiziert und es gab im Jahr 1966 keine Sprache im gesamten Ost- und Zentralafrika, in der mehr Bücher, Zeitungen und andere Schriftstücke verfasst wurden als in Luganda. Romane waren beispielsweise sehr beliebt. Selbst das Swahili, das im Vergleich mit anderen afrikanischen Sprachen über eine große Anzahl an Buchpublikationen in der heutigen Zeit verfügt, hatte zu der Zeit weniger Buchpublikationen (Walusimbi 2001: 9). Im Vergleich mit damals gibt es gegenwärtig kaum Autoren in Uganda, die in der Muttersprache schreiben. Daneben besteht eine allgemeine Lesefaulheit, so dass sich die hohen Publikationskosten über-

---

[16] *Basekabaka* bezeichnet die früheren Könige von Buganda.
[17] *Ekitabo Ekitukuvu* heißt wörtlich übersetzt „das heilige Buch".

haupt nicht lohnen. Es ist besonders aus diesen Gründen derzeitig schwer bis unmöglich Bücher in Luganda zu finden, wenn überhaupt gibt es lugandasprachige Kinder- und Lehrbücher (Walusimbi 2001: 9).

Luganda ist eine von den sechs selektierten lokalen Sprachen Ugandas, von der Regierung auch als *area languages* [18] bezeichnet, die nach einer Regierungsempfehlung für das Erziehungswesen im Jahr 1992 als Unterrichtssprachen bis zur Primarstufe vier verwendet werden sollen.[19] Zu den so genannten *area languages* gehören neben Luganda auch Ateso/Akarimojong, Lugbara, Lwo, Runyankore/Rukiga und Runyoro/Rutooro (Walusimbi 1972: 147). Die Verwendung dieser Sprachen als Unterrichtssprachen soll nach dem Bildungsministerium jedoch nur in den ländlichen Schulen statt finden (vgl. ebd.). In den städtischen Gegenden soll das Englische weiterhin als Unterrichtssprache verwendet werden und lokale Sprachen sollen in allen Schulen weiterhin als Unterrichtsfach gelehrt werden (vgl. ebd.). Dieser Plan erscheint jedoch teilweise nur schwer umsetzbar. Zum einen fehlt für einige der selektierten Sprachen immer noch geeignetes Unterrichtsmaterial. Das Erstellen von Lehr- und Lernmaterial in den einzelnen Sprachen stellt außerdem ein kostspieliges Unterfangen dar. Zum anderen mangelt es oft an lehrendes Personal. Oftmals sind die Lehrer nur als Englisch-Lehrer ausgebildet und nicht in der Lage in der eigenen Muttersprache zu unterrichten (Walusimbi 1972: 147). Luganda wird nichtsdestotrotz weiterhin in den Grund- und weiterführenden Schulen als Unterrichtsfach gelehrt (Walusimbi 2001: 11). Zudem wird Luganda auch als Fach an der Makerere-Universität angeboten (ebd.).

In einem Land, in dem es noch immer Menschen gibt, die weder lesen noch schreiben können, spielt das Radio bei der Verbreitung von Nachrichten eine sehr große und bedeutende Rolle.[20] Besonders in den ländlichen Gebieten, wo die Menschen oftmals kein Englisch verstehen, fungiert das Radio als hervorragendes Verbreitungsmedium. Dieser Meinung war auch der damalige Premierminister Milton Obote gewesen, der im Jahr 1967 insgesamt achtzehn lokale Sprachen, darunter auch Luganda, zur Verwen-

---

[18] Der Begriff *area languages* ist ein nicht einstimmig akzeptierter Ausdruck und wird beispielsweise von Mukama (1991) kritisiert, der der Meinung ist, dass diese Sprachen in Uganda überhaupt nicht existieren.
[19] White Paper on the Education Policy, Review Commission Report entitled „Education for National Integration" 1992.
[20] In Uganda betrug die Analphabetenrate im Jahr 2000 noch 35 Prozent. Mittlerweile ist ein Rückgang von etwa 5 Prozent zu verzeichnen. Dieser ist besonders den Alphabetisierungskurse zu verdanken, die im gesamten Land Ugandas eingeführt wurden (UNESCO: 2000).

dung in Radioprogrammen aufrief.[21] Noch heute existieren die lokalsprachigen Radioprogrammen und sind besonders in den ländlichen Gebieten sehr beliebt (Walusimbi
2001: 10; Criper & Ladefoged 1971: 154).

Neben dem Radio fungiert auch der Fernseher generell als typisches Verbreitungsmedium von Nachrichten, den sich aber viele Menschen in Uganda nicht leisten können.
Statt einem sprachenvielfältigen Programm wie im Radio, müssen sich die Menschen
mit einem dreisprachigen Fernsehprogramm zufrieden geben, wobei Luganda eine der
im Fernsehen verwendeten Sprachen ist. Englisch und Swahili stellen die beiden anderen Sprachen dar, in denen gesendet wird (Criper & Ladefoged 1971: 154).

Luganda verfügt im Gegensatz zu anderen Landessprachen über eine Reihe eigener
Zeitungen, die sowohl wöchentlich als auch täglich erscheinen und erst Ende des 20.
Jahrhunderts auf dem Markt gekommen sind. Dazu zählen die *Bukedde*, *Bukedde ku
Ssande, Kamunye, Ggwanga* und *Eddoboozi*. *Bukedde* ist die Schwesternzeitung von
New Vision, der führenden englischsprachigen Tageszeitung Ugandas, die im März
1986 zum ersten Mal erschien.[22] Sie ist die einzige in Luganda verfasste Zeitung, die
täglich erscheint. *Bukedde ku Ssande* hingegen erscheint, wie der Name schon verrät,
nur jeden Sonntag und auch *Kamunye, Ggwanga* und *Eddoboozi* erscheinen nur einmal
wöchentlich. Neben der lugandasprachigen Zeitung *Bukedde* veröffentlicht *New Vision*
noch die Regionalzeitungen, *Etop, Rupiny* und *Orumuri*, die neben den bereits erwähnten lugandasprachigen Zeitungen bisher die einzigen landessprachigen Zeitungen darstellen. Die Regionalzeitungen sind im Gegensatz zur *Bukedde* Wochenzeitungen. Alle
landessprachigen Zeitungen bis auf *Kamunye* sind auch online einsehbar.[23] Anfang des
20. Jahrhunderts erschien auch einst die lugandasprachige Tageszeitung *Munno*, die
zuletzt jedoch im Jahr 1996 gedruckt wurde (Nelson 1968: 29). Außerdem existierte
noch zwischen den Jahren 1961 und 1989 die swahilisprachige Wochenzeitung *Taifa
Empya* (Nelson 1968: 29f). Gegenwärtig gibt es aber keine swahilisprachige Zeitung in
Uganda.

Im heutigen Internetzeitalter spielt trotz der bestehenden digitalen Gräben, vor allem
zwischen ländlichen und städtischen Gebieten, die internetbasierte Kommunikation und

---

[21] Die siebzehn anderen lokale Sprachen sind Alur, Adhola, Lugwere, Kakwa, Karamjojang, Lukonzo,
Kumam, Lango, Teso, Runyoro, Lusoga, Runyankore, Lugbara, Talinga-Bwisi, Kupsabiny, Madi,
Masaaba und Lunyole (Criper & Ladefoged 1971: 154).
[22] New Vision, Company Profile: http://www.newvision.co.ug/V/ [27.5.2011].
[23] *Etop*: http://www.etop.co.ug/, *Rupiny*: http://www.rupiny.co.ug/, *Orumuri*: http://www.orumuri.co.ug/,
Bukedde ku Ssande: http://www.bukeddekussande.co.ug/, *Bukedde*: http://www.bukedde.co.ug/,
Ggwanga: http://www.ggwanga.co.ug/, *Eddoboozi*: http://www.eddoboozi.co.ug/.

Informationsverbreitung auch in Afrika eine zunehmend wichtige Rolle. Einige Organisationen haben bereits die Initiative ergriffen, das Internet als Mittel zur Förderung der lokalen Sprachen zu nutzen. So bietet die weltweit meist genutzte Suchmaschine Google etwa die Möglichkeit an, die Benutzeroberfläche auf eine afrikanische Sprache umzustellen. In nahezu 30 afrikanischen Sprachen wurde die Benutzeroberfläche bisher übersetzt. Uganda ist hier mit fünf Sprachen, darunter auch Luganda, vertreten und hat mit Südafrika,[24] das ebenfalls mit fünf Sprachen vertreten ist, mit Abstand die meisten in der Suchmaschine bereitgestellten Sprachen von Afrika. Nigeria folgt dicht mit seinen drei Hauptsprachen, Hausa, Igbo und Yoruba.[25] Des Weiteren hat der zweithäufigste genutzte Browseranbieter Mozilla seine Programme in insgesamt zehn afrikanischen Sprachen, darunter auch Luganda, übersetzt (Osborn 2010: 34f).

2.2   Einführung in die Rechtsgeschichte Ugandas

Vor der Ankunft der Europäer

In Uganda existierten vor der Ankunft der Europäer und der Errichtung des britischen Protektorats mehrere Königreiche[26] gleichzeitig, die im Gebiet der bantusprachigen Bevölkerung angesiedelt waren (Morris & Read 1966: 3). Diese hatten vergleichsweise überaus gut entwickelte und funktionierende Regierungen (Morris & Read 1966: 4). Bis zum Ende des 18. Jahrhunderts war das Königreich der Banyoro die einflussreichste und stärkste Regierung des Landes, die im gesamten südlichen Gebiet des Landes ihre Macht ausübte (ebd.). Doch unter der Herrschaft des damaligen herrschenden und einflussreichen Kabaka[27] übernahm das Königreich der Baganda schnell die Oberhand der Herrschaft über das Gebiet (ebd.). Zur besseren Ausübung von Macht und Kontrolle im gesamten Herrschaftsgebiet, wurde das Gebiet des Königreichs in zehn *ssazas*[28] geteilt, die von dem Kabaka ernannten Chefs verwaltet wurden (Morris & Read 1966: 5). In allen Verwaltungsbezirken wurden unterste Gerichte[29] erbaut, in welchem die Gesetze des Königreichs Buganda Anwendung fanden (ebd.). Im Machtzentrum des

---

[24] http://www.google.co.za/.
[25] http://www.google.co.ng/.
[26] Neben dem Königreich Buganda gab es außerdem die Königreiche der Banyoro, Ankole und Tooro (Morris & Read 1966: 3).
[27] Der Begriff „Kabaka" bezeichnet den König der Baganda, der größten in Uganda lebenden ethnischen Volksgruppe.
[28] *Ssaza* wird im Allgemeinen mit dem Begriff „Verwaltungsbezirk" übersetzt (Morris & Read 1966: 5).
[29] Die Gerichte im Königreich Buganda wurden auch als Gerichte des Kabaka bezeichnet (Morris & Read 1966: 12).

Königreichs, in der heutigen Hauptstadt Kampala,[30] befand sich der Lukiiko,[31] das bis heute noch immer seinen Sitz dort hat. Der Lukiiko fungierte damals nicht nur als gesetzgebende Gewalt, sondern auch als Gericht, in dem der damals herrschende Kabaka über Fälle entschied, die bereits die Instanzen der untersten Gerichte in den Verwaltungsbezirken durchlaufen hatten (ebd.). Dort wurden auch die Gesetze, die in den untersten Gerichten angewendet wurden, erlassen. Sowohl die Gerichtsverfahren in den Gerichten des Kabaka und im Lukiiko als auch die parlamentarischen Angelegenheiten wurden in Luganda geführt (Morris & Read 1966: 130). Auch die vom Lukiiko erlassenen Gesetze waren in Luganda verfasst.[32]

Bis zur Errichtung des britischen Protektorats und der Einführung des britischen Rechtssystems bestand im Königreich Buganda nach der obigen Darlegung bereits ein eigenes Rechtssystem mit eigenem Gerichtsaufbau und Gesetzen. Da Luganda sowohl in den Gerichten[33] als auch zur Abfassung der Buganda-Gesetze verwendet wurde, ist zu schlussfolgern, dass die Sprache einen Wortschatz von Rechtstermini aufweisen konnte.

Errichtung des britischen Protektorats und Einführung des Common Law

Der erste Kontakt mit Europa fand im Jahr 1862 statt, als der britische Offizier und Forscher John Speke auf der Suche nach der Quelle des Nils die heutige Hauptstadt Kampala erreichte (Morris & Read 1966: 6). Der weitere Kontakt geschah mit den Missionaren, die im Jahr 1877 nach Uganda kamen und in allen Landesteilen aktiv wurden (Walusimbi 2001: 9).[34] Im Jahr 1894 wurde Uganda unter britisches Protektorat gestellt (Brown & Allen 1968: 37; Morris & Read 1966: 12). Mit der Errichtung des Protektorats wurde auch ein Konsulargericht erbaut, das das *Common Law*, das in England, Wales und Nordirland herrschende Recht, anwendete (Morris & Read 1966: 13). Dem Konsulargericht wurde das Recht eingeräumt Gerichtsbarkeit über die eigenen Staatsangehörigen und die Schutzgenossen sowohl in Strafrechts- als auch Zivilrechtsfälle auszuüben (ebd.). Eine im Jahr 1900 erfolgte Vereinbarung zwischen dem britischen Protektorat und dem Königreich Buganda legte fest, dass das *Common Law* auch

---

[30] Kampala wurde erst im Jahr 1962 zur Hauptstadt Ugandas erklärt. Entebbe war bis zu dem Jahr die nationale Hauptstadt gewesen.
[31] Der Lukiiko, auch als *Great Lukiiko* bekannt, ist das Parlament der Baganda.
[32] Siehe hierzu Abschnitt 2.3.
[33] Hier wird auch der Lukiiko eingeschlossen.
[34] Die Bemühungen der Missionare, das Christenum im gesamten Land zu verbreiten, fielen auf sehr fruchtbaren Boden. Der Islam hingegen konnte vergleichsweise wenig Fuß fassen (Morris & Read 1966: 6).

gleichermaßen auf die Baganda anzuwenden war (Morris & Read 1966: 15). Dem König der Baganda wurde in der Vereinbarung die Gerichtsbarkeit aller Baganda zugesprochen (ebd.). Zudem durfte er seine Herrschaft auch nur über die Baganda ausüben (ebd.).

Im Jahr 1902 wurde der oberste Gerichtshof errichtet, dem die Zuständigkeit sowohl in personeller als auch in sachlicher Hinsicht in allen Rechtsfällen eingeräumt wurde. Die Gerichtsverfahren im Konsulargericht und im obersten Gerichtshof wurden in Englisch durchgeführt. Neben dem obersten Gerichtshof wurden auch mehrere unterste Gerichte mit spezieller Zuständigkeit errichtet, die etwa für Strafrechtsfälle zuständig waren (Morris & Read 1966: 39). Auch in diesen Gerichten wurde Englisch verwendet (ebd.). Parallel zu den vom britischen Protektorat errichteten Gerichten, existierten weiterhin die Gerichte des Kabaka. Dort wurden auch weiterhin die Gesetze von Buganda bzw. die *Native Laws* in der Sprache der Baganda angewendet (Morris & Read 1966: 254).

Im Laufe der Jahre wurden weitere Gerichte des Königreichs Buganda in den anderen zehn hinzugekommenen Verwaltungsbezirken errichtet.[35] In sachlicher Hinsicht wurde die Zuständigkeit der Gerichte des Kabaka eingeschränkt (Morris & Read 1966: 40). Die schwerwiegendsten Verbrechen wie Tod und Mordschlag wurden nur noch im obersten Gerichtshof verhandelt (ebd.). Die Zuständigkeit der Gerichte des Königreichs Buganda erstreckte sich jedoch in personeller Hinsicht. Die Gerichte des Kabaka waren nun auch für Menschen anderer Sprachgemeinschaften zuständig (Morris & Read 1966: 41). Des Weiteren verlor der Lukiiko die Funktion als Gericht. Es bestand aber weiterhin als Parlament fort (ebd: 44).

Mit der Unabhängigkeit Ugandas im Jahr 1962 behielt das Königreich der Baganda die Vormachtstellung und Autonomie in Uganda (Morris & Read 1966: 80). Doch Milton Obote, der sich selbst zum ersten Präsidenten Ugandas erklärte, wollte seine Macht nicht mit der des Königreichs der Baganda teilen. Mit der von ihm eingeführten Verfassung wurde eine einheitliche Republik gegründet. Dies bedeutete, dass die Königreiche abgeschafft wurden (ebd: 81). Zudem wurde auch der Lukiiko aufgelöst (ebd.).

Im Jahr 1993 wurden die Königreiche von dem damaligen und noch amtierenden Präsidenten Museveni wieder eingeführt, allerdings ausschließlich unter kulturellen und zeremoniellen Aspekten. Auch die Tätigkeit im Lukiiko wurde wieder fortgesetzt. Was

---

[35] In der Vereinbarung von 1900 wurden die ursprünglichen zehn Verwaltungsbezirke (oder *Ssazas*) auf zwanzig Bezirke erhöht (Morris & Read 1966: 15).

der Gerichtsaufbau in Uganda anbetrifft, so bestehen die vom britischen Protektorat errichteten Gerichte fort. In den Gerichten werden die Gerichtsverhandlungen weiterhin in Englisch geführt[36] und die Gesetze werden wie zuvor in Englisch erlassen. Im Lukiiko, im Parlament der Baganda, werden Gesetze in Luganda verabschiedet. Auch die Sitzungen finden in der Sprache der Baganda statt.

2.3 Entwicklung der Rechtspublikationen in Luganda

Der ugandische Rechtswissenschaftler Daniel Nsereko schreibt in dem Vorwort seines Rechtswörterbuchs, dass ein umfangreiches Gesetzeswerk über die Jahre hinweg in Uganda errichtet worden war, das überwiegend jedoch nur in Englisch verfasst war (Nsereko 1993: i). Das Gesetzeswerk beinhaltete Gesetze, die vom Parlament erlassen worden waren, Entscheidungen des obersten Gerichtshofes und zuletzt noch die Gebräuche der einzelnen Ethnien Ugandas (ebd.). Mit der Ausnahme der Gebräuche der Ethnien, die so gut wie nicht niedergeschrieben worden und schon deshalb teilweise in Vergessenheit verschwunden waren, war das Gesetzeswerk in Englisch verfasst (ebd.). Da es vor dem Erscheinen des Rechtswörterbuchs sowohl keine Übersetzungen der Gesetze als auch keine Schriften, die das Gesetz in einer lokalen Sprache erklären, gegeben hatten, waren es vielen Menschen gar nicht möglich, sich über die Rechte und Vorschriften zu informieren (ebd.).[37] Nsereko weist daraufhin, dass zum Zeitpunkt des Erscheinens seines Rechtswörterbuchs[38], alle parlamentarischen und juristischen Abläufe sowie amtliche Angelegenheiten auch nur in Englisch abgewickelt wurden (ebd.). Nach der Verfassung von Uganda jedoch können parlamentarische und juristische Angelegenheiten aber auch in einer anderen Sprache geführt werden.[39] Ein Rückblick in die Rechtsgeschichte Ugandas enthüllt, dass vor der Auflösung der Regierung des Königreichs Buganda im Jahr 1966 jedoch zahlreiche Rechtsverordnungen, Entscheidungen, Statuen und Gesetze in Luganda verfasst bzw. übersetzt worden waren (Nsereko 1993: i). Der ehemalige Rechtsberater des Königreichs Buganda Edwin Haydon

---

[36] Gerichtsverhandlungen können auch in einer lokalen Sprache geführt werden. Constitution of the Republic of Uganda, 1995, Chapter 2, Art. 6 (2).
[37] Nsereko erwähnt, dass weniger als 10 Prozent der Gesamtbevölkerung Ugandas der englischen Sprache mächtig gewesen waren (1993: i). Laut den Angaben von Voegelin und Voegelin aus dem Jahr 1977 wurde Englisch von knapp einer Millionen Menschen als Zweitsprache gesprochen: Ethnologue, Uganda, Englisch: http://www.ethnologue.com/show_language.asp?code=eng [30.5.2011]. Mittlerweile dürfte sich diese Sprecherzahl erhöht haben.
[38] Das vom ugandischen Rechtswissenschaftler Daniel Nsereko verfasste Rechtswörterbuch wurde im Jahr 1993 veröffentlicht.
[39] siehe dazu Fußnote 35.

schreibt, dass bestimmte Gesetzgebungen schon Anfang des 20. Jahrhunderts sowohl in Englisch als auch in Luganda publiziert worden waren (Haydon 1962: 179). Er betont, dass in der Kolonialzeit auch in anderen afrikanischen Staaten südlich der Sahara Rechtstexte in einer lokalen Sprache zur Orientierung in den afrikanischen Gerichten publiziert worden waren (Haydon 1962: 179). In keinem dieser afrikanischen Staaten waren aber die Rechtspublikationen in einer lokalen Sprache so umfangreich wie in Uganda gewesen (Nsereko 1993: ii). Seit Anfang des 20. Jahrhunderts bis zur Auflösung der Regierung des Königreichs Buganda waren zahlreiche Rechtsverordnungen und Gesetze in Luganda publiziert worden, die im Laufe der Zeit auch in die englische Sprache übersetzt wurden. Aus dem Jahr 1904 sind die ersten Gesetze, die so genannten *Native Laws*, bekannt, die in Luganda verfasst wurden (Haydon 1962: 180). Im Jahr 1957 wurden die *Native Laws* überarbeitet und noch im selben Jahr zweisprachig herausgebracht (ebd.).[40] Weitere in Luganda verfasste Gesetzestexte waren die Entscheidungen des Gerichts zum Gewohnheitsrecht der Baganda, die zugunsten der Berufungsgerichten[41] und Rechtsanwälte, die kein Luganda verstanden, ebenfalls übersetzt wurden (Haydon 1962: 181). Die ersten beiden übersetzten Bände der Entscheidungen erschienen im Jahr 1958, während der dritte Band ein Jahr später publiziert wurde (ebd.). Alle Gesetzesbände wurden so gedruckt, dass die englische Übersetzung der Entscheidungen sich wie in den *Native Laws* auf der einen Seite und der Originaltext in Luganda auf der gegenüberliegenden Seite befand (ebd.).

Neben den zahlreichen Gesetzestexten in Luganda, die in Englisch übersetzt wurden, gab es auch eine Reihe von Gesetzestexten in der englischen Sprache, die eine Übersetzung in Luganda bedurft hatten. Hierzu zählten etwa die vom obersten Gerichtshof[42] erlassenen Gesetze, die in den untersten Gerichten des Königreichs Buganda angewendet werden sollten und daher übersetzt wurden (Haydon 1962: 182). Die Übersetzung einzelner Gesetzestexte stellte jedoch aufgrund des spezifischen Fachvokabulars eine große Herausforderung für die Übersetzer dar (Haydon 1962: 183). Sie hatten Schwierigkeiten, das passende Fachvokabular in Luganda zu finden, weshalb sie auch von Fachexperten des jeweiligen Fachbereiches unterstützt wurden (ebd.). Bei der Überset-

---

[40] Auf der rechten Seite der Ausgabe befand sich der Originaltext in Luganda, während auf der linken Seite die englische Übersetzung der *Native Laws* gedruckt wurde (Haydon 1962: 180).
[41] Uganda, Kenia und Tansania hatten bis 1970 ein gemeinsames Berufungsgericht (Tibatemwa-Ekirikubinza 2005: viii). Dies bedeutete, dass alle in diesem Gericht stattfindenden Verhandlungen in der englischen Sprache durchgeführt wurden.
[42] Die Sprache im obersten Gerichtshof, welches vom britischen Protektorat in Uganda im Jahr 1902 errichtet worden war, war und ist bis heute Englisch. Demnach sind auch alle vom obersten Gerichtshof erlassenen Gesetze in Englisch verfasst (vgl. Morris & Read 1966: 20).

zung des Fachvokabulars stellte sich heraus, dass bestimmte fachtechnische Begriffe aus dem Englischen in der Praxis gar nicht übersetzt wurden, sondern so verwendet wurden (ebd.). In diesen Fällen versuchten die Übersetzer zugunsten der Laien und Gerichten, die mit dem Fachvokabular nicht vertraut waren, die Bedeutung des englischen Fachbegriffs in Luganda zu übertragen (ebd.). Zusätzlich setzten die Übersetzer neben dem Luganda-Begriff noch den englischen Fachbegriff in Klammern (ebd.).

Die zahlreichen Rechtspublikationen in Luganda und Englisch trugen zur immensen Verbesserung der Arbeit in den Gerichten des Kabaka bei (Haydon 1962: 185). Nicht nur die Gerichte, sondern auch die Prozessparteien griffen auf die übersetzten Gesetzestexte zurück (ebd.). Auch haben die monatlich in Luganda stattfindenen Vorlesungen, an denen etwa Anwälte und Richter teilnahmen, die Arbeit in den Gerichten verbessert (ebd.).[43] In den Vorlesungen wurden nicht nur ausführlich das englische Recht sowie das Rechtsverfahren durchgenommen, sondern es wurden auch englische Rechtsbegriffe, die bisher unbekannt waren, erklärt (1962: 184).

Zudem ist in diesem Zusammenhang auch die Rolle der Regierung des Königreichs Buganda zu nennen, die die Rechtspublikationen in Luganda nicht nur finanziell unterstützt hatte, sondern die Übersetzung der zahlreichen Gesetze, Verordnungen und Entscheidungen in Luganda veranlasst hatte (Haydon 1962: 185). Zudem bestand ein großes Interesse an den Rechtspublikationen in Luganda,[44] die wiederum die Übersetzung von weiteren Gesetzestexten in Luganda motivierte (Haydon 1962: 185).

Gegenwärtig, etwa 17 Jahre nach dem Erscheinen des Rechtswörterbuchs, ist die Situation eine ähnliche wie sie anfangs dargelegt wurde. Die vom Gerichtshof erlassenen Gesetze sind alle in Englisch verfasst. Lediglich die vom Lukiiko, der gesetzgebenden Gewalt des Königreichs Buganda, verabschiedeten Gesetze, die nur Angelegenheiten des Königreichs Buganda betreffen, sind in Luganda verfasst.[45] Zu erwähnen ist in diesem Zusammenhang auch das Rechtswörterbuch von Daniel Nsereko, welches eine Reihe von Rechtstermini in Luganda auflistet und die Übersetzung der Statuen und anderer Rechtstexte ermöglichen soll. Das Handbuch der Menschenrechtsorganisation *Foundation for Human Rights Initiative* (FHRI), welches im letzten Jahr erschien,

---

[43] Die Idee der Einführung der Vorlesungen zum Recht und Rechtsverfahren von England, die vom ehemaligen Rechtsberater des Königreichs Buganda gehalten wurden, geht auf den früheren Justizminister Owekitiibwa A.M. Gitta zurück (Haydon 1962: 184).
[44] Einige der Rechtspublikationen wurden innerhalb weniger Monate verkauft (Haydon 1962: 185). Mehr als einmal sogar wurden Rechtsbücher, die ein Wert von mehr als 100 Pfund hatten, innerhalb einer Stunde verkauft (ebd.).
[45] Bareebe & Naturinda 2011, http://allafrica.com/stories/201101101140.html [30.5.2011].

erklärt die Menschenrechte in Luganda und ermöglicht den Menschen, die der englischen Sprache nicht mächtig sind, die Gesetze zu verstehen.[46] Beide Publikationen, sowohl das Rechtswörterbuch als auch das Handbuch zur Menschenrechtsbildung können als Ergebnis der von dem *OAU (Organisation of African Unity) Bureau of Languages* gesetzten Ziele „to sponsor and encourage the writing of indigenous African languages for educational, commerical and communication purposes on a national, regional and continental level, and to sponsor and enourage the writing of books by African, especially in indigenous languages", betrachtet werden (Nsereko 1993: v).

2.4 Strafrechtssprache- eine Fachsprache?

Zunächst ist einmal herauszufinden, ob die im Strafrechtswesen verwendete Sprache eine Fachsprache ist. Dem geht aber eine nähere Definition sowie Abgrenzung der Begriffe Fachsprache und Gemeinsprache voraus.

Gegenstand der Sprachwissenschaft war lange Zeit hindurch fast ausschließlich die Gemeinsprache.[47] Mittlerweile wird sich auch intensiv mit der Fachsprachenforschung auseinandergesetzt. In der Literatur finden sich unterschiedliche Meinungen, was die Definition des Begriffs „Fachsprache" anbetrifft. Zum einen findet sich die Behauptung, dass es keine einheitliche Definition gibt: „Der Terminus Fachsprache ist, so einfach gebildet und so verständlich er zu sein scheint, bis heute nicht gültig definiert" (Fluck 1996: 161). Diese Behauptung resultiert aus der Tatsache, dass Fachsprache als Gegensatz zur Gemeinsprache betrachtet wird und dieser selber nicht hinreichend definiert sei (vgl. Fluck 1996: 161). Zum anderen gehen mehrere Varianten für Definitionen aus der Literatur hervor. Eine der in der Literatur anzufindenden Definition ist die von Bußmann. Fachsprache ist nach ihrer Auffassung eine „sprachliche Varietät mit der Funktion einer präzisen, effektiven Kommunikation über meist berufsspezifische Sachbereiche und Tätigkeitsfelder" (Bußmann 2002: 211). Arntz und Picht definiert die Gemeinsprache als „im ganzen Sprachgebiet gültig, allen Angehörigen der Sprachgemeinschaft verständlich, zum allgemeinen – nicht fachgebundenen – Gedankenaustausch" (1991: 16). In der Literatur wird die Fachsprache als "Subsprache" der Gemeinsprache erklärt. Nach Arntz und Picht sind Fachsprache und Gemeinsprache nicht völlig voneinander getrennt, sondern überlappen sich (1991: 18). Die Fachsprache zeichnet

---

[46] Das Handbuch der Menschrenrechtsorganisation FHRI wird in Abschnitt 2.5.2 vorgestellt.
[47] Der Begriff „Gemeinsprache" wird auch mit den Begriffen Mutter-, National-, Landes-, Umgangs- und Allgemeinsprache gleichgesetzt (vgl. Hoffmann 1987: 48).

sich durch eine spezifische Auswahl an sprachlichen Mitteln (Wörter, Grammatik) aus der Gemeinsprache aus, die der Fachsprache außerdem als so genanntes Reservoir zur Bildung neuer Termini zur Verfügung steht (vgl. Engberg 1997: 5; Arntz und Picht 1991: 18).

Das offenkundigste Merkmal einer Fachsprache ist ihr spezieller Wortschatz, der in der Sprachwissenschaft als „Terminologie" bezeichnet wird. Ein Wort gehört dann zum Wortschatz einer Fachsprache, wenn dieses die einem Terminus zugeschriebenen Eigenschaften wie: festgelegte Terminologie, Eindeutigkeit, Systematik, Präzision, Ausdrucksökonomie, stilistische Neutralität u.ä. aufweist (vgl. Fraas 1998: 429; Busse 1998: 1383). Jene Eigenschaften werden auch für die Beschreibung der Rechtssprache übernommen. Sie kann daher durchaus als Fachsprache eingeordnet werden. Zudem wird aber für die Rechtssprache noch das Merkmal der Allgemeinverständlichkeit angeführt, das in scharfem Kontrast zu den anderen genannten linguistischen Merkmalen von Fachtermini steht (vgl. Busse 1998: 1383). Nach Steger ist die Rechtssprache darüber hinaus durch die Eigenschaften wie „Würde", „Effizienz", „Sprachrichtigkeit", „Klarheit", „Kürze", „Rücksichtnahme auf den üblichen Sprachgebrauch" und „Sprachverständlichkeit für alle" gekennzeichnet (1988: 126). Hier wird deutlich, dass die Rechtssprache im Gegensatz zu anderen Fachsprachen in einem anderen Verhältnis fachsprachlichen und gemeinsprachlichen Wortschatz miteinander vereint. Die Rechtssprache zeichnet sich aus durch ihre individuelle Semantik. Daum hebt hervor, dass die Rechtssprache die wenigsten Fremdwortfachworte aller Wissenschaften benutze (1981: 86).[48] Er fügt hinzu, dass die Rechtssprache vielfach gemeinsprachliche Ausdrücke als Fachtermini gebrauche, die im Vergleich zu der gemeinsprachlichen Bedeutung des Ausdrucks häufig eingeschränkt oder abweichend definiert und klar umrissen sei (1981: 86). Ferner ist noch der Aspekt der Syntax aufzuführen, der die Rechtssprache von der Gemeinsprache abgrenzt. Im Gegensatz zur Gemeinsprache zeichnet sich die Syntax der Rechtssprache durch ihre Kompliziertheit aus (vgl. Busse 1998: 1383). Die Rechtssprache wird in diesem Zusammenhang auch als Fachsprache qualifiziert.

Die Terminologie der Rechtssprache wird durch die Schaffung eigensprachlicher Neubildungen, durch die Neudefinition gemeinsprachlicher Ausdrücke oder durch die Entlehnung von Wörtern aus anderen Sprachen erweitert. Darüber, wer für die Normung von Terminologien im Bereich des Rechtswesens in Uganda zuständig ist, geht nicht aus den Arbeiten hervor. Im Aufsatz des ehemaligen Rechtsberaters des König-

---

[48] Dies lässt sich ebenso in der Strafrechtsterminologie des Luganda feststellen.

reichs Buganda Edwin Haydon wird aber deutlich, dass es Mitte des 20. Jahrhunderts eine gewisse Richtlinie für die Erstellung neuer Termini gegeben hat (vgl. Haydon 1962: 184). Sofern der Rechtsterminus in der Buganda Vereinbarung von 1955[49] verwendet wurde, wurde nicht etwa ein anderer Terminus gebildet, sondern der in der Vereinbarung vorhandene Rechtsbegriff sollte nach der Richtlinie in den Gerichten verwendet werden (1962: 184).

2.5 Untersuchungskorpus

Für die linguistische Analyse der Strafrechtsterminologie des Luganda wurden die folgenden drei Quellen ausgewählt: das von dem Rechtswissenschaftler Daniel Nsereko geschriebene *English-Luganda Law Dictionary*, das von der Menschenrechtsorganisation *Foundation for Human Rights Initiative* (FHRI) herausgegebene Handbuch zur Menschenrechtsbildung *Ekitabo Ekiyamba Okumanya Amateeka*[50] und die Wortliste rechtstechnischer Termini aus dem Aufsatz *Legal Publications in an African Vernacular* von Edwin Haydon, dem ehemaligen Rechtsberater im Königreich Buganda. Im Folgenden werden die Quellen einzeln vorgestellt.

2.5.1 *English-Luganda Law Dictionary*

Das *English-Luganda Law Dictionary* ist ein kompaktes und bündiges Rechtswörterbuch mit etwa 5000 Luganda-Rechtstermini aus dem Justiz-, Betriebswirtschafts- und Bankwesen, die nach ihren englischen Übersetzungs-äquivalenten nachzuschlagen sind. Neben der alphabetischen Auflistung rechts-spezifischer Termini ist im Rechtswörterbuch auch eine Zusammenstellung der wesentlichen in Uganda geltenden Gesetze beinhaltet, die ebenso nach den englischen Termini nachzuschlagen sind. Das Rechtswörterbuch wurde im Jahr 1993 publiziert. Geschrieben wurde es von dem aus Uganda stammenden Rechtswissenschaftler Daniel Nsereko, der sowohl als Professor als auch als Rechtsanwalt in Uganda und in Botswana tätig gewesen ist und im Jahr 2007 als Richter am Internationalen Strafgerichtshof in Den Haag berufen wurde.[51] Dort in der Berufungsabteilung des Internationalen Strafgerichtshofs arbeitet er bis heute. Daniel

---

[49] Die Buganda Vereinbarung von 1955 wird zusammen mit den Buganda Vereinbarungen von 1894 bis 1955 angeführt. (The Buganda Agreement, 1955, Art 1 (1)).
[50] Die wortwörtliche Übersetzung von *Ekitabo Ekiyamba Okumanya Amateeka* liegt in Fußnote 3 vor.
[51] International Criminal Court, Daniel Nsereko: http://www.icc-cpi.int/Menus/ICC/Structure+of+the+ Court/Chambers/The+Judges/The+Judges/Judge+Daniel+David+Ntanda+Nsereko/Judge+Daniel+David+ Ntanda+Nsereko.htm [11.1.2011].

Nsereko hat bereits mehrere Aufsätze und Bücher zum Strafrecht und Strafrechtsverfahren, Völkerrecht und zu Menschenrechte veröffentlicht. Er ist Muttersprachler des Luganda. Das Rechtswörterbuch und eine im Jahr 1995 veröffentlichte Abhandlung über die Rechte der Menschen in Uganda, *Eddembe Lyaffe*[52], stellen jedoch die einzigen Publikationen dar, die in Luganda geschrieben wurden.

Das Rechtswörterbuch beginnt mit einem ausführlichen Vorwort, das in zweisprachiger Fassung, sowohl in Englisch als auch in Luganda, vorhanden ist. In dem Vorwort geht Daniel Nsereko kurz auf die Rechtsgeschichte Ugandas ein und beleuchtet die Entwicklung von Gesetzespublikationen sowie Veröffentlichungen von Rechtstexten in Luganda. Er betont, dass seit der Auflösung des Königreichs Buganda alle vom Parlament verabschiedeten Gesetze nur in der englischen Sprache verfasst worden sind (1993: i). Es stellt sich die Frage, wie über die Hälfte der Gesamtbevölkerung Ugandas ihre Rechte und Pflichten nachgehen sollen, wenn nur etwa 10 Prozent der im Land lebenden Menschen der englischen Sprache mächtig sind (Nsereko 1993: i). Hieraus, so formuliert er, ist die Idee entstanden, ein Rechtswörterbuch zu verfassen. Mit diesem Vorhaben wollte Daniel Nsereko mehrere Ziele auf einmal erreichen. Zum einen wollte er die Übersetzung der in Englisch verfassten Gesetze und Rechtstexte in Luganda ermöglichen (Nsereko 1993: ii). Das Rechtswörterbuch liefert eine Zusammenstellung rechtsspezifischer Begriffe und Ausdrücke basierend auf das englische Recht, auf welche beispielsweise Übersetzer und andere Autoren, die sich mit rechtsspezifischen Texten befassen, zurückgreifen können. Zum anderen möchte er eine effektive Kommunikation zwischen dem Anwalt und seine lugandasprachigen Mandanten bezwecken (Nsereko 1993: iii). Außerdem, so fügt er hinzu, ist das Rechtswörterbuch für Gerichtsdolmetscher bestimmt, die anhand dieses Nachschlagewerks die Bedeutungen der von den Anwälten und Richter in den Gerichtsverhandlungen und Gerichtsverfahren verwendeten Begriffe und Ausdrücke den Prozessparteien genau vermitteln können (1993: iii). Aber auch den Journalisten, die sich mit juristischen sowie parlamentarischen Vorgängen auseinandersetzen oder Texte rechtswissenschaftlicher Art schreiben, dient das Rechtswörterbuch zum Nachschlagen rechtsspezifischer Termini (ebd.). Weiterhin sind daneben auch die Geschäftsleute und Banker zu erwähnen, die ebenso auf das Rechtswörterbuch, das auch Begriffe aus dem Betriebswirtschafts- und Bankwesen enthält, zurückgreifen können (ebd.).

---

[52] *Eddembe Lyaffe* heißt wörtlich übersetzt „unsere Rechte".

Im Vorwort sagt Daniel Nsereko auch etwas über seine Vorgehensweise bei der Zusammenstellung der rechtsspezifischen Termini. Für die meisten englischen Rechtstermini, so schreibt er, wurden im Laufe der Jahre eigene Begriffe in Luganda gebildet und in den Wortschatz eingegliedert (Nsereko 1993: iv). In anderen Fällen, in denen er für den englischen Rechtsterminus keinen entsprechenden bzw. passenden Ausdruck in Luganda vorfand, griff er auf die Methoden der Terminologiebildung zurück. Er verwendete beispielsweise das Wortbildungsverfahren der Derivation oder er entlehnte Begriffe aus anderen Sprachen, vorwiegend aus dem Englischen (ebd.).

Allerdings lässt sich im Rechtswörterbuch selbst nicht erkennen, ob der Rechtsterminus bereits im Wortschatz des Luganda vorhanden war oder ob Daniel Nsereko diesen selbst anhand der Strategien der Terminologiebildung gebildet hat. Um herauszufinden, welche Termini vom Autor selbst geschaffen wurden und welche Termini von ihm abgeleitet oder entlehnt wurden, wurden zusätzlich zur Wortliste und zum Handbuch der Menschenrechtsorganisation zwei Wörterbücher aus unterschiedlichen Publikationsjahren herangezogen.[53] Findet sich der Terminus in der ältere Quelle, lässt sich sagen, dass dieser im Wortschatz bereits bei der Zusammenstellung des Rechtswörterbuchs existierte. Ist dieser jedoch nur in der neueren Quelle aufzufinden, lässt sich sagen, dass dieser von Nsereko gebildet wurde und von den Autoren der neueren Quellen aufgenommen wurde.

Das Rechtswörterbuch hat insgesamt den größten Teil strafrechtsspezifischer Termini für die linguistische Analyse geliefert. Dennoch sind seit langem nicht alle Termini strafrechtsspezifischer Art aufgelistet, die beispielsweise von den Autoren der englischen Strafrechtswörterbücher, die zur Orientierung herangezogen worden waren, genannt werden. Dies lässt sich jedoch damit erklären, dass das Rechtswörterbuch nicht nur Termini eines speziellen Rechtsgebiets beinhaltet, sondern Termini aus allen Rechtsgebieten erfasst. Außerdem wollte Daniel Nsereko das Rechtswörterbuch kompakt und bündig halten und berücksichtigte nur die wesentlichen in Uganda verwendeten Rechtstermini.

Zuletzt ist noch etwas zur Erhältlichkeit dieses Wörterbuchs zu sagen. Zum Zeitpunkt meiner Recherche (November 2010) konnte das Rechtswörterbuch in Kampala in der Bibliothek der Makerere-Universität, der größten Universität in Ost- und Zentralafrika,

---

[53] Das ältere Wörterbuch (*A Luganda-English and English-Luganda Dictionary* von Mulira und Ndawula) erschien im Jahr 1952, während das andere Wörterbuch (*A Concise Luganda- English Dictionary* von Bagunywa et al.) aus dem Jahr 2009 stammt.

ausgeliehen werden. Die in der Hauptstadt Ugandas befindlichen Buchläden jedoch hatten das Rechtswörterbuch nicht in ihrem Bestand. Es bestand aber die Möglichkeit dieses zu bestellen.[54]

2.5.2 *Ekitabo Ekiyamba Okumanya Amateeka*

Als weitere Quelle diente das Handbuch zur Menschenrechtsbildung, *Ekitabo Ekiyamba Okumanya Amateeka*[55]. Das Handbuch ist ein von der Menschenrechtsorganisation *Foundation for Human Rights Initiative* herausgegebener Leitfaden zu Menschenrechten in Uganda, der in den Buchläden in Kampala käuflich erworben werden kann.

Die *Foundation for Human Rights Initiative* ist eine von der Regierung unabhängige Organisation, die im Dezember 1991 gegründet wurde und sich seitdem für Menschenrechte in Uganda einsetzt.[56] Das im Jahr 2010 erschienene Handbuch zur Menschenrechtsbildung ist die Luganda Version der englischen Ausgabe, die acht Jahre zuvor publiziert wurde. Die Übersetzung dieses Handbuchs wurde von den schwedischen Organisationen für internationale Entwicklungszusammenarbeit Diakonia und SIDA[57] und von der niederländischen regierungsunabhängigen Menschenrechts-organisation HIVOS[58] finanziell unterstützt (Kakaire et al 2010: vi).

Mit der Verfassung des Handbuchs in Luganda hat die Menschenrechtsorganisation in erster Linie das Ziel, die Menschen über ihre Rechte zu informieren. Zudem will die Organisation erreichen, dass die Menschen ihre Rechte auch verstehen. Dies soll insbesondere durch veranschaulichte Beispiele und Erläuterungen erlangt werden, wie im Vorwort des Handbuchs, im Folgenden zitiert, beschrieben wird.

> *„Abanasoma ekitabo kino kijja kubayamba okutegeera ebikwata ku ddembe ly´obuntu ery´awamu era bajja kuganyulwa mu byokulabirako n´ennyinyonnyola."*[59] (Kakaire et al 2010: v).

Das Handbuch zur Menschenrechtsbildung gliedert sich in mehrere Kapitel, die sich u.a. mit speziellen Themen wie Polizeirecht, Erbrecht, Eherecht, Recht der Frauen und der

---

[54] Ich hatte das Glück, dass die Präsenzbibliothek in Heidelberg, die als einzige in Deutschland Universitätsbibliothek das Rechtswörterbuch in ihrem Bestand hatte, mir das Wörterbuch scannen und zu schicken ließ.

[55] Die wortwörtliche Übersetzung von *Ekitabo Ekiyamba Okumanya Amateeka* liegt in Fußnote 3 vor.

[56] FHRI, Background 2009, http://www.fhri.or.ug/aboutus.html [1.6.2011].

[57] SIDA - *Swedish International Development Agency.*

[58] HIVOS - *Humanistic Institute for Co-operation with Deveoping Countries.*

[59] „Dieses Buch wird den Lesern helfen, die Menschenrechte zu verstehen. Auch werden ihnen besonders die Beispiele und Erläuterungen von Nutzen sein." [Übersetzung der Verfasserin].

Kinder sowie das Recht der Gefangenen befassen. Daneben wird auch etwas zu den Abläufen, Funktionen und Strukturen der Demokratie, Regierung und der Gerichte gesagt.

Auffallend und ebenso interessant sind die nicht selten vorkommenden englischen Begriffe im Handbuch, die nach den Luganda-Begriffen in Klammern gesetzt sind. Hierzu zählen etwa alle im Handbuch erwähnten Gesetze. Ferner gehört dazu auch noch eine Reihe anderer Begriffe wie etwa Berufsbezeichnungen (*distric prisons commander*, *commissioner of prisons, judiciary* etc.), Bezeichnungen von Institutionen (*police council, juvenile court, local defence unit* etc.), und weitere Bezeichnungen (*search warrant, domestic violence, probate, estate* etc.). Da im Handbuch selbst nichts zur Verwendung der englischen Begriffe gesagt wird, kann diesbezüglich nur spekuliert werden. Es lässt sich u.a. vermuten, dass diese Begriffe in Luganda noch teilweise unbekannt beziehungsweise noch nicht allzu verbreitet sind. Um herauszufinden, ob dem so ist, dienen die anderen Quellen zum Vergleich.

Für die linguistische Analyse wurden vier Kapitel gewählt, die sich mit Themen aus dem Bereich des Strafrechts befassen und daher auch strafrechtsspezifische Termini angeben.

2.5.3 Legal Publications in an African Vernacular

Die dritte, und damit letzter Untersuchungskorpus stellt eine Wortliste aus dem Aufsatz *Legal Publications in an African Vernacular* dar. Verfasst wurde der Aufsatz im Jahr 1962 von Edwin Scott Haydon, dem ehemaligen Rechtsberater des Königreichs Buganda. Haydon ist kein Muttersprachler des Luganda. In dem Aufsatz beschreibt Haydon die Entwicklung der in Luganda verfassten und übersetzten Rechtspublikationen, die in einem Zeitraum zwischen 1904 und 1959 publiziert wurden (1962: 179, 181). Am Ende dieses Aufsatzes folgt eine Wortliste mit etwa 130 Termini aus dem Öffentlichem Recht, sowie dem Zivil- und Strafrecht. Die Wortliste ist in drei Spalten gegliedert. Sie ist nach den englischen Rechtstermini alphabetisch sortiert, die in der ersten Spalte stehen. In der zweiten Spalte der Wortliste befinden sich die Übersetzungsäquivalenten in Luganda. In der dritten Spalte wird vermerkt, ob der Rechtterminus in Luganda eine traditionelle Bezeichnung (*traditional term*) oder eine wörtliche Übersetzung (*literal translation*) des englischen Rechtsterminus darstellt. In einigen Fällen, in denen der englische Rechtsterminus mit einer Paraphrase wiedergegeben ist, steht in der dritten Spalte die wortwörtliche Übersetzung der Paraphrase.

Die Wortliste stellt lediglich eine Auswahl wichtiger Rechtstermini des Luganda dar (vgl. Haydon 1962: 184). Daher wurde auch nur ein kleiner Teil rechtsspezifischer Termini erfasst. Davon sind etwa nur 30 Termini dem Strafrecht zuzuordnen, die im Datenkorpus aufgenommen wurden. Trotz der geringen Anzahl strafrechtsspezifischer Termini stellt die Wortliste dennoch eine unentbehrliche Quelle für die linguistische Analyse dar. Durch das Heranziehen des Rechtswörterbuchs und des Handbuchs zur Menschenrechtsbildung sowie der Wörterbücher können die Termini verglichen und Aussagen über ihre Entwicklung getroffen werden. So lässt sich beispielsweise sagen, dass ein Terminus in der Wortliste, der im Rechtswörterbuch und im Handbuch zur Menschenrechtsbildung ebenfalls verwendet wird, im Laufe der Jahre nicht etwa verschwunden ist, sondern sich in den Wortschatz des Luganda integriert hat.

3   Analyse der Strafrechtsterminologie des Luganda

3.1   Linguistische Merkmale des Luganda

Luganda ist eine der in Ostafrika gesprochenen Bantusprachen, der größten sprachlichen Unterfamilie in Afrika. Sie gehört zur Mehrzahl der Bantusprachen, die als Klassensprachen charakterisiert werden. Als solche verfügt Luganda über das für Bantusprachen typische Nominalklassensystem. Gegenwärtig werden in Luganda insgesamt 21 Klassen unterschieden, die größtenteils in Singular-Plural-Paaren[60] einander zugeordnet sind (Kiingi 2007: xxvi; Katamba 2003: 112). Damit stellt Luganda die einzige Bantusprache dar, die alle bis auf drei der im Proto-Bantu rekonstruierten 24 Nominalklassen beibehalten hat (Katamba 2003: 108). Unter den in Luganda vorkommenden 23 Klassen befindet sich das in Bantu seltene Klassenpaar 20/22 mit den Präfixen *(o)gu-* im Singular und *(a)ga-* im Plural (Katamba 2003: 109).

In Luganda und auch in vielen anderen Bantusprachen ist vor dem Nominalklassenpräfix der Nomina, Adjektiva und Possessiva ein grammatisches Element, das so genannte Augment, angefügt, welches aus einem Vokal *a, e* oder *o* besteht (Jungraithmayr 1983: 195; Cole 1967: 21; Katamba 2003: 107 + 112). Dieser kann jedoch im Einzelfall der Assimilation an den Vokal des nachfolgenden Klassenpräfixes unterworfen sein und

---

[60] Die paarig zugeordneten Numerus-Klassen in Luganda lauten wie folgt: 1/2, 3/4, 5/6, 7/8, 9/10, 11/10, 12/14, 15/6, 20/22 (Kiingi 2007: xx).

dann jede Vokalqualität annehmen (Jungraithmayr 1983: 195). Das Augment weist in Luganda eine determinierende und fokussierende Funktion auf, weshalb dieses grammatische Morphem von einigen Linguisten schon als Artikel bezeichnet wurde (Katamba 2003: 107). Die An- bzw. Abwesenheit des Augments wird oftmals vom syntaktischen Kontext bestimmt. So ist das Augment beispielsweise in affirmativen Satzkonstruktionen wie in Beispiel [1] am Nomen und Adjektiven angefügt, in negativen Sätzen wie in Beispiel [2] hingegen ist das Augment abwesend.

[1] *O-mu-limi*   *o-mu-nene*   *o-mu-kadde*   *o-mu*   *a-genda*
    Aug-Kl1-Bauer Aug-Kl1-dick Aug-Kl1-alt   Aug-eins 3SgS-gehen
    „Ein dicker, alter Bauer geht."   (Katamba 2003: 108)

[2] *Te-tu-laba*   *mu-limi*   *mu-nene*
    Neg-1PlS-sehen Kl1-Bauer Kl1-dick
    „Wir sehen keinen dicken Bauern."   (Katamba 2003: 108)

Bei allein stehenden Nomina wird das Augment stets mitgeschrieben (Crabtree 1902: 42). Es wird daher auch im fortlaufenden Text dem Klassenpräfix vorangestellt sein.

Die Nomina einer Klasse sind semantisch mehr oder weniger miteinander verbunden. So wird beispielsweise das Klassenpaar 1/2 häufig als „Menschenklasse" bezeichnet, da es Nomina zur Bezeichnung von Personen und Berufsbezeichnungen enthält. Die Klasse 15 sind den Infinitiven vorbehalten, während in Klasse 14 Abstrakta und Kollektiva zu finden sind. In den Klassen 16 bis 18 befinden sich Bezeichnungen von Orten. Oft besteht aber keine Verbindung zwischen den grammatischen Klassen und den semantischen Kategorien.

Ein für Klassensprachen typisches Merkmal ist die Kongruenz von Verben, Adjektiven und anderen Modifikatoren mit dem Nomen. Das heißt sie erhalten ein zur Klasse des Nomens gehöriges Konkordanzpräfix. Die folgenden dargestellten Beispiele aus den Klassen 2 und 8 zeigen ganz deutlich die Übereinstimmung zwischen dem Klassenmorphem und den an Adjektiven und anderen Modifikatoren angefügten Präfixe.

[3] *A-ba-sajja*   *a-ba-to*   *ba-lwana*
    Aug-Kl2-Mann Aug-Kl2-jung Kl2.Subj-kämpfen
    „Die jungen Männer kämpfen."

[4] *E-bi-wuka*   *e-bi-nafu*   *e-bi-ngi*   *bi-fudde*

Aug-Kl8-Insekt   Aug-Kl8-schwach   Aug-Kl8-viel   Kl8.Subj-sterben.Mod.

„Viele schwache Insekten sind gestorben."

Die Beispiele in [5] und [6] machen deutlich, dass die Konkordanzpräfixe formal nicht immer mit dem am Nomen angefügten Präfix übereinstimmen. Aber auch bei formaler Ungleichheit sind stets bestimmte Präfixe als Allomorphe bestimmten Nominalklassenpräfixen zugeordnet. Es ist hier anzumerken, dass das Adjektiv das einzige von einem Nomen abhängige Wort in Luganda darstellt, dessen Konkordanzpräfixe formal mit den Klassenpräfixen des Nomens übereinstimmen.

[5] *O-mu-ti*   *o-mu-kadde*   *gu-tem-w-a*

Aug-Kl3-Baum   Aug-Kl3-alt   Kl3.Subj-zerhacken-Pass-FV

„Ein alter Baum wird zerhackt."

[6] *E-mi-ti*   *e-mi-kadde*   *gi-tem-w-a*

Aug-Kl4-Baum   Aug-Kl4-alt   Kl4.Subj-zerhacken-Pass-FV

„Die alten Bäume werden zerhackt."

Im Datenkorpus kommt eine Reihe von Termini vor, die mit dem Konnektiv -a verbunden sind. Jener Konnektor, im Folgenden als Genitivpartikel bezeichnet, markiert nicht nur Possession, sondern kann auch eine allgemeinere Beziehung zwischen den Nomen ausdrücken (Chesswas 1954: 20). In der nominalen Possessivkonstruktion steht das Possessum stets an erster Stelle, während der Possessor dem Genitivmorphem folgt. Dabei stimmt das Konkordanzmorphem der Genitivpartikel mit dem Nominalklassenpräfix des Possessums überein. Das in [7] dargestellte Beispiel aus dem Korpus ist eine solche Possessivkonstruktion.

[7] *o-mu-kuumi*   *wa*   *a-ma-komera*

Aug-Kl1-Wärter   Kl1:Gen   Aug-Kl6-Gefängnis

„Gefängniswärter"   (FHRI[61]: 89)

---

[61] Die Quellen, aus denen die Strafrechtstermini entnommen wurden, sind sowohl im Text als auch in den Tabellen mit dem jeweiligen Autorennamen (D.N. für Daniel Nsereko, E.H. für Edwin Haydon) bzw. im Fall des Handbuchs zur Menschenrechtsbildung mit dem Namen der Menschenrechtsorganisation (FHRI für *Foundation for Human Rights Initiative*) abgekürzt.

Luganda gehört als Bantusprache zum Typus der agglutinierenden Sprachen. Der Terminus „Agglutination" bezeichnet die grammatische Bildungsweise, die durch das Hinzufügen von Affixen mit grammatischer und/oder semantischer Funktion an einem Wortstamm erfolgt (Jungraithmayr 1983: 24, 43). Nicht selten ist an einem Wortstamm mehr als ein Ableitungsaffix angefügt. Dies ist besonders bei Verbalableitungen zu beobachten. Die am Verbalstamm angefügten Suffixe, auch Verbalerweiterungen, können die Grundbedeutung des Verbalstamms verändern. In [8] ist ein Beispiel einer Verbalableitung dargestellt. Das Verb -*yigirizwa* „belehrt werden" ist vom Verb -yiga „lernen" abgeleitet. An dessen Stamm wurden zwei Ableitungssuffixe angefügt, die auf die Grundbedeutung des Verbalstamms modifizierend gewirkt haben.

[8] -*yig-iriz-w-a*   -*yigirizwa* „belehrt werden"
    lernen-Kaus-Pass-FV

Verbalableitungen sind auch im Korpus der Strafrechtstermini zu finden und werden im Abschnitt der verbalen Derivation anhand von Beispielen erläutert.

3.2   Strategien der Terminologiebildung in Luganda

Der Wortschatz wird nicht nur in der Gemeinsprache kontinuierlich mit neuen Begriffen erneuert und bereichert, sondern auch besonders in den Fachsprachen besteht mit der rasanten Entwicklung bzw. Einführung moderner Wissenschaften und Technologien ein immenser Bedarf an terminologischen Neubildungen. Der Aufbau und die Erweiterung bzw. Ausdifferenzierung von Fachwortschätzen erfolgen durch die in der Gemeinsprache etablierten Wortbildungsverfahren, wobei nicht nur auf den in der eigenen Sprache vorhandenen Mitteln, sondern auch auf die Ressourcen fremder Sprachen zurückgegriffen wird. Auf der Basis schon vorhandener sprachlicher Mittel werden neue Begriffe u.a. im Wege der Derivation und der Komposition gebildet. Jene Verfahren zählen in der Linguistik zu den Haupttypen der Wortbildung (Bußmann 2002: 155, 360). Ein weiterer Typ der Wortbildung stellt den Prozess der Reduplikation dar. Im Wege der semantischen Erweiterung werden gemeinsprachliche Bezeichnungen rechtstechnische Bedeutung übertragen. Zu erwähnen sind außerdem noch die Paraphrasierungen. Im Wege der Umschreibung werden ebenso mit den in Luganda vorhandenen Mitteln neue Strafrechtsbegriffe gebildet. Die Erweiterung des Wortschatzes geschieht auch durch die Verwendung von Fremd- und Lehnwörtern, die aus anderen Sprachen entlehnt und in die eigene Sprache integriert werden. Daneben bedienen sich die Sprachen auch fremdsprachlicher Konzepte, die mit den eigenen sprachlichen Mitteln in die eigene Sprache übersetzt werden.

In den folgenden Abschnitten wird anhand ausgewählter der im Datenkorpus vorkommenden Strafrechtstermini untersucht, welche Strategien zur Terminologiebildung jeweils verwendet werden und auch inwieweit die englische Sprache die Strafrechtsterminologie des Luganda beeinflusst hat.

3.2.1 Derivation

Die Derivation, auch als Ableitung bekannt, stellt neben der Komposition ein Hauptverfahren der Wortbildung dar (Bußmann 2002: 155). Sie erfolgt durch das Hinzufügen eines oder mehrere Affixe am Wortstamm. In der Linguistik ist die Suffixbildung, bei der ein Affix dem Wortstamm angehängt wird, zweifellos der Derivation zuzuordnen (ebd.). Die klassifikatorische Einordnung der Präfixbildung, bei der ein Affix vor dem Wortstamm angefügt wird, ist hingegen umstritten (Bußmann 2002: 529). Während einige Linguisten die Präfixbildung zusammen mit der Suffixbildung als ein Haupttyp der Derivation ansehen und deshalb die Derivation auch als Oberbegriff für Präfix- und Suffixbildungen verstehen, fassen andere Linguisten sie als drittes Hauptverfahren der Wortbildung neben Derivation und Komposition auf (Bußmann 2002: 155, 529, 667). In den weiteren Ausführungen zur Derivation wird die Präfigierung als ein Haupttyp der Derivation aufgefasst.

Die Derivation stellt in Luganda ein sehr produktives Verfahren zur Bereicherung des Wortschatzes dar, von denen die Sprecher intensiv Gebrauch machen. Im Wege der Derivation können in Luganda Nomina, Verben und Adjektive gebildet werden, wobei alle diese Wortarten als Derivationsbasis herangezogen werden. Manchmal wird durch die Derivation die ursprüngliche Bedeutung des Lexems, welcher als Derivationsbasis in Betracht kommt, modifiziert und weicht von der des abgeleiteten Wortes ab.

Der Abschnitt der Derivation befasst sich neben der nominalen und verbalen Ableitung auch mit der adjektivischen Derivation, die im Folgenden erläutert und anhand einzelner Strafrechtstermini aus dem Datenkorpus veranschaulicht werden.

3.2.1.1 Nominale Derivation

In der Strafrechtsterminologie des Luganda ist ein großer Anteil von Nomina vorzufinden. Dies entspricht auch der Feststellung Flucks. Ihm zufolge bilden die Substantive „die wichtigste Wortart unter den spezialsprachlichen lexikalischen Einheiten" (1996: 48).

Die Nomina in der Strafrechtsterminologie werden überwiegend im Wege der Derivation gebildet, die in diesem Sinn intensiv zur Wortschatzbereicherung beiträgt. Abgeleitet werden die Nomina von Adjektiven und Verben. Ferner stehen auch andere Nomina als Ableitungsbasis zur Verfügung.

Die nominale Derivation mit adjektivischer Basis erfolgt durch das Voranstellen eines Nominalklassenpräfixes am Adjektiv. Durch die Transferierung eines Nomen in eine andere Nominalklasse, von welcher das Nomen auch das Klassenpräfix bekommt, entstehen Nomina auf nominaler Basis. Die von Verben abgeleiteten Nomina, in der Linguistik auch Deverbativa[62] genannt, werden in der Regel durch das Voranstellen eines Nominalklassenpräfixes und durch das Anfügen eines Derivationssuffixes am Stamm des Verbs gebildet. Besonders das Verfahren der deverbalen Derivation ist auch in den anderen Bantusprachen eine üblich genutzte Strategie zur Bildung von Nomina (vgl. Harjula 2004: 83).

In den folgenden Abschnitten werden vorerst Strafrechtstermini analysiert, die aus Verben entstanden sind. Anschließend folgt die Analyse von Strafrechtsbegriffen, die im Wege des Nominalklassentransfers gebildet werden. In einem weiteren Abschnitt der nominalen Derivation werden die im Datenkorpus vorkommenden Deadjektiva behandelt.

3.2.1.1.1 Deverbale Derivation

Die in der Strafrechtsterminologie des Luganda anzutreffenden Nomina sind überwiegend von Verben abgeleitet. Die deverbale Derivation erfolgt in zwei Schritten: An dem Wortstamm des Verbs wird zunächst ein Derivationssuffix angefügt. Anschließend wird ein Nominalklassenpräfix dem Stamm des Verbs vorangestellt.

---

[62] Die Bezeichnung Deverbativa erfasst in der Sprachwissenschaft auch Adjektiva, die von Verben abgeleitet sind (Bußmann 2002: 161).

In Luganda fungieren alle Vokale als Derivationsssuffixe (vgl. Ashton 1954: 373). Das Anfügen bestimmter Vokale am Wortstamm des Verbs führt im Allgemeinen zum Lautwechsel, auch als Alternation bekannt, des vorausgehenden Konsonanten. Ashton zufolge resultiert nur beim Anfügen der Derivationssuffixen -i und -u am Verb ein Wechsel des vorausgehenden Konsonanten (ebd.). Meiner Analyse zufolge findet jedoch auch beim Anfügen des Derivationssuffixes -e ein Lautwechsel des vorausgehenden Konsonanten statt.

Der Lautwechsel findet dabei bei allen Verben statt, ganz gleich ob sie zwei- oder mehrsilbig sind (Ashton 1954: 374). Beeinflusst werden dabei nur alveolare, palatale und velare Konsonanten, die am Ende des Verbalstammes stehen (Ashton 1954: 373). Konsonanten mit einer anderen Artikulationsstelle bleiben von dem Lautwechsel unberührt.

Ashton listet insgesamt fünf stimmhafte Konsonanten (*l, r, d, j, g*) auf, die sich durch das Anfügen des Derivationssuffixes -i zu einem stimmhaften alveolaren Frikativ verändern (1954: 373). Außerdem spricht sie noch von einem Lautwechsel der stimmlosen alveolaren und velaren Konsonanten, die sich zu einem stimmlosen alveolaren Frikativ verändern. Für meine Analyse spielt jedoch nur der Lautwechsel der alveolaren und velaren Konsonanten eine relevante Rolle, da die meisten Deverbativa im Datenkorpus von Verben abgeleitet sind, bei denen der letzte Konsonant die Artikulationsstelle alveolar oder velar hat.

Im Falle des Derivationssuffixes -u nennt Ashton hingegen nur vier Konsonanten (*l, r, j* und *g*), die sich beim Anfügen des Vokals -u zu einem stimmhaften labiodentalen Frikativ verändern (ebd.). In der nominalen Derivation wird der Derivationsuffix -u jedoch keine Rolle spielen. Allerdings gibt es ein vom Verb abgeleitetes Nomen (*omutemu* „Mörder") mit dem Endvokal u, der jedoch kein Derivationssuffix darstellt.[63] Relevant wird das Derivationssuffix -u erst im Abschnitt der adjektivischen Derivation sein.

Meiner Analyse zufolge bewirkt das Anfügen des Derivationssuffixes -e am Stamm des Verbs ein Lautwechsel des vorausgehenden Konsonanten, der bei den im Datenkorpus vorkommenden Termini sowohl stimmhaft alveolar als auch stimmlos velar ist. Der stimmhafte alveolare Konsonant verändert sich dabei zu einem stimmhaften alveolaren

---

[63] Der Strafrechtsterminus *omutemu* „Mörder" ist in Beispiel [13] analysiert.

Frikativ, während der stimmlose velare Konsonant zu einem stimmlosen alveolaren Frikativ wird. [64]

Das am Verbalstamm angefügte Suffix fungiert im Rahmen der nominalen Derivation nicht nur als Derivationsmorphem, sondern kann auch gleichzeitig ein Indikator für die semantische Rolle des Derivats sein. Ein Deverbativum mit dem Suffix -i bezeichnet oftmals die Person oder den Gegenstand, der die Handlung des Verbs ausführt. In der Linguistik wird ein solches Substantiv als Nomen Agentis beschrieben (Bußmann 2002: 469). Deverbativa mit dem Suffix -i können aber auch Verbalabstrakta sein. Sie weisen im Gegensatz zu den Agensnomina das Nominalklassenpräfix *(o)bu-* auf. Ashton zufolge stellen auch Nomina mit den Suffixen -a und -e Agensnomina dar (1954: 373). Deverbativa mit dem Suffix -e können jedoch auch Aktionsnomina darstellen und Nomina mit dem Suffix -o bezeichnen das Ergebnis oder die Tätigkeit der durch das Verb ausgedrückten Handlung (Ashton 1954: 373).

Nomina Agentis

Unter dem Terminus „Nomen Agentis" werden Substantive verstanden, die sich auf den Träger der von ihnen bezeichneten Handlung beziehen (Bußmann 2002: 469). Die meisten in den Korpus vorkommenden Agensnomina werden mit dem Suffix -i gebildet (Ashton 1954: 373).[65] Daneben lassen sich auch agentive Nomina mit den Suffixen -a und -e im Datenkorpus finden, wobei Nomina, die von Kausativverben abgeleitet sind, das Suffix -a aufweisen. In der Regel sind alle Agensnomina den Klassen 1 und 2 zugeordnet (Ashton 1954: 374). Für die Ableitung von Agensnomina kommen sowohl zwei-, als auch mehrsilbige Verben in Betracht.

In [9] ist das erste Beispiel eines Strafrechtsnomens dargestellt, das die durch das Verb ausgedrückte Handlung ausführt und damit die Rolle des Agens übernimmt. Der Agens ist *omulamuzi* „Richter" und führt die Tätigkeit des Verbs -*lamula* „urteilen" aus, von diesem der Strafrechtsterminus auch abgeleitet ist. Zur Bildung des Terminus *omulamuzi* „Richter" ist am Stamm des Verbs -*lamula* „urteilen" das Ableitungssuffix -i angefügt. Dabei entfällt der Endvokal. Der vorausgehende stimmhafte alveolare Konsonant *l* wird vom Derivationssuffix -i beeinflusst und verändert sich zu einem stimmhaften

---

[64] Strafrechtsbegriffe mit dem Derivationssuffix -e werden in den Beispielen [18], [19], [33], [34] und [38] analysiert.
[65] Wie Schadeberg bemerkt, ist die Bildung agentiver Nomina mit dem Suffix -i in allen Bantusprachen üblich (2003: 80).

alveolaren Frikativ *z*. Anschließend wird dem Derivat das Nominalklassenpräfix *(o)mu-*[66] vorangestellt.

[9] *o-mu-lamul-i*[67]   *omulamuzi*   „Richter"

  Aug-Kl1-urteilen-DerSuf   (D.N.: 63; FHRI: 75)

Der Terminus *omulamuzi* weist neben der Bedeutung von „Richter" auch die Bedeutung „Schiedsgericht"[68] auf (Bagunywa et al 2009: 106). Mit der Bedeutung „Schiedsgericht" ist *omulamuzi* kein Agensnomen mehr und verschiebt sich automatisch in die Nominalklasse 3, die dasselbe Singularklassenpräfix aufweist wie Klasse 1. Zufolge meines Informanten bezeichnet *omulamuzi* jedoch lediglich „Richter".

Auch das Nomen in Beispiel [10], das ebenso die Rolle des Agens übernimmt, folgt demselben Ableitungsverfahren.

[10] *o-mu-lyakul-i*   *omulyakuzi*   „Betrüger"

  Aug-Kl1-betrügen-DerSuf   (D.N.: 17)

Bei den agentiven Nomina *omulwanirizi* „Verteidiger" in Beispiel [11] und *omwenzi* „Ehebrecher" in Beispiel [12] findet ebenso der von Ashton beschriebene Lautwechsel des vorausgehenden stimmhaften alveolaren Konsonanten statt.

Der Strafrechtsterminus *omulwanirizi* „Verteidiger" in [11] ist vom Applikativverb *-lwanirira* „um jdn/etw. kämpfen" abgeleitet, welches seinerseits vom Verb *-lwana* „kämpfen" abgeleitet ist. Das Anfügen des Vokals *-i* am Applikativverb *-lwanirira* bewirkt die Veränderung des vorausgehenden stimmhaften alveolaren Konsonanten *r* zu einem stimmhaften alveolaren Frikativ.

[11] *o-mu-lwan-irir-i*   *omulwanirizi* „Verteidiger"

  Aug-Kl1-kämpfen-Appl-DerSuf   (FHRI: 90; D.N.: 30)

---

[66] Das Augment wird bei Nennung der Nominalklassenpräfixe durch gesetzte Klammern im fortlaufenden Text und durch Setzung von Bindestrichen zwischen Augment und Klassenpräfix in der interlinearen Übersetzung gekennzeichnet.
[67] Die Kennzeichnung der Morphemgrenzen erfolgt mittels einfacher Striche zwischen den einzelnen Morphemen.
[68] Diese Bedeutung des Terminus *omulamuzi* führt Nsereko im Rechtswörterbuch nicht auf.

Der Begriff *omwenzi* „Ehebrecher" in [12] ist vom Verb *-enda* „Ehebruch begehen" abgeleitet. Der stimmhafte alveolare Plosiv *d* des Verbs *-enda* verändert sich beim Anfügen des Derivationssuffixes *-i* ebenfalls zu einem stimmhaften alveolaren Frikativ.

[12] *o-mu-end-i*   *omwenzi*   „Ehebrecher"

     Aug-Kl1-Ehebruch begehen-DerSuf   (D.N.: 4)

Der Strafrechtsterminus *omutemu* „Mörder", ein weiteres Agensnomen in Beispiel [13], leitet sich vom Verb *-temula* „morden" ab.

[13] *o-mu-temu*   *omutemu*   „Mörder"

     Aug-Kl1-morden   (FHRI: 79; D.N.: 89)

In Ashtons Beschreibung der einzelnen Derivationssuffixe listet sie den Terminus *omutemu* „Mörder" unter die Deverbativa mit dem Suffix *-u* auf, die sie als Zustandsnomina bezeichnet (1954: 375). Der Begriff *omutemu* „Mörder" stellt jedoch kein Zustandsnomen, sondern vielmehr ein Agensnomen dar. *Omutemu* „Mörder" bezeichnet die Person, die die Handlung des Verbs *-temula* „morden" ausführt. Demzufolge ist der Terminus vielmehr den Deverbativa mit dem Suffix *-i* zuzuordnen. Der Terminus unterscheidet sich aber hinsichtlich seiner Ableitung von den anderen Agensnomina mit dem Suffix *-i*. Am Stamm des Verbs *-temula* „morden" wird kein Derivationsmorphem angefügt. Stattdessen entfällt die letzte Silbe komplett und es wird lediglich noch das Nominalklassenpräfix *(o)mu-* vorangestellt. Die Endung des Derivats auf den Vokal *u* veranlasste Ashton möglicherweise dazu, den Terminus unter den Zustandsnomina aufzuführen.

Die Frage, ob es neben *omutemu* „Mörder" noch die Form *omutemuzi* in Luganda existiert, bejahte mein Informant. Ihm zufolge hat *omutemuzi* auch dieselbe Bedeutung wie *omutemu*.[69]

Im Gegensatz zu *omutemu* „Mörder" wird *omutemuzi* „Mörder" durch das Anfügen des Derivationsmorphems *-i* am Stamm des Verbs *-temula* „morden" gebildet. Das Suffix beeinflusst den vorausgehenden alveolaren Konsonanten *l*, der sich daraufhin zu einem

---

[69] Auch in den von mir verwendeten Wörterbüchern wird der Terminus *omutemuzi* mit der Bedeutung „Mörder" aufgeführt (Kiingi 2007: 733; Snoxall 1967: 226; Mulira et al 1952: 77). Im Rechtswörterbuch listet Nsereko lediglich den Begriff *omutemu* „Mörder" auf (Nsereko 1993: 89).

stimmhaften alveolaren Frikativ *z* verändert. In Beispiel [14] ist die Ableitung von *omutemuzi* „Mörder" veranschaulicht.

[14] *o-mu-temul-i*   *omutemuzi*   „Mörder"
       Aug-Kl1-morden-DerSuf

Im Datenkorpus kommt ein weiterer Terminus vor, der die Bedeutung „Mörder" hat. Dieser ist im folgenden Beispiel dargestellt. Der Strafrechtsterminus *omussi* „Mörder" leitet sich vom Verb *-tta* „morden" ab. Wird das Suffix *-i* am Stamm des Verbs angefügt, verursacht es wie in den vorigen Beispielen ein Lautwechsel des vorausgehenden Konsonanten. Da der Konsonant diesmal jedoch ein stimmloser alveolarer Laut ist, verändert er sich nicht zu einem stimmhaften, sondern zu einem stimmlosen alveolaren Frikativ (vgl. Ashton 1954: 374). Auch der zweite Konsonant ist von der Alternation betroffen (vgl. Chesswas 1954: 36).

[15] *o-mu-tt-i*   *omussi*   „Mörder"
       Aug-Kl1-morden-DerSuf   (FHRI: 107)

In den Beispielen [16] und [17] sind zwei weitere Deverbativa mit dem Derivationssuffix *-i* dargestellt. Diese Nomina sind von Verben abgeleitet, die weder einen finalen alveolaren noch einen finalen velaren Konsonanten aufweisen. Beim Anfügen des Derivationssuffixes *-i* an *-loopa* „anklagen" und *-wuuya*[70] „entführen" findet daher kein Lautwechsel des vorausgehenden Konsonanten statt. Auch hier wird wie in den vorigen Beispielen das Nominalklassenpräfix *(o)mu-* vorangestellt.

Der Strafrechtsterminus *omuloopi* „Ankläger" ist ein polysemer Begriff und hat auch die Bedeutung „Verleumder". Im Rechtswörterbuch sind beide Begriffe nicht aufge-

---

[70] Im Bedeutungswörterbuch *Enkuluze ya Oluganda* hat das Verb *-wuuya* die Bedeutung „ein Kind oder eine Frau entführen" („*omuntu okubba omwana oba omukyala* […]" (Kiingi 2007: 610)). Es stellt sich die Frage, weshalb die Bedeutung von *-wuuya* nur die Entführung eines Kindes und einer Frau erfasst. Schließlich können auch Männer entführt werden. Interessant ist in diesem Zusammenhang die Bedeutung des Begriffs *omuwuuyi*. Der Begriff *omuwuuyi* hat die Bedeutung „Person, die eine andere Person entführt" („*omuntu akwata omulala* […]" (Kiingi 2007: 739)). Die Bedeutung des Verbs wurde danach semantisch erweitert.

führt. Stattdessen führt Nsereko für den Begriff „Ankläger" *omuwaabi*[71] und für den Begriff „Verleumder" *omulebuzi*[72] auf (1993: 107, 125).

[16] *o-mu-loop-i*   *omuloopi*   „Ankläger"

  Aug-Kl1-anklagen-DerSuf   (FHRI: 64)

[17] *o-mu-wuuy-i*   *omuwuuyi*   „Entführer"

  Aug-Kl1-entführen-DerSuf   (D.N.: 1)

Neben den Deverbativa mit dem Suffix *-i* kommen im Datenkorpus auch Strafrechtstermini mit dem Derivationssuffix *-e* vor. Ashton bezeichnet Agensnomina mit dem Suffix *-e* als Leidtragende der Handlung, die das Verb ausdrückt (1954: 373, 379). In den Beispielen [18] und [19] sind zwei Nomina mit dem Suffix *-e* dargestellt.

Ashton zufolge findet nur beim Anfügen der Derivationssuffixen *-i* und *-u* ein Lautwechsel der vorausgehenden alveolaren, velaren und palatalen Konsonanten statt (1954: 373). Doch das Beispiel in [18] widerlegt Ashtons Behauptung. Der Terminus *omuddu-se*[73] „Flüchtling" leitet sich vom Verb *-dduka* „wegrennen" ab. Der letzte Konsonant ist ein stimmloser velarer Konsonant, der von dem am Stamm des Verbs *-dduka* angefügten Suffix *-e* beeinflusst wird und sich zu einem stimmlosen alveolaren Frikativ verändert.

  [18] *o-mu-dduk-e*   *omudduse*   „Flüchtling"

   Aug-Kl1-wegrennen-DerSuf   (D.N.: 56)

Im Fall des in Beispiel [19] dargestellten Begriff *omusibe* „Gefangener" findet beim Anfügen des Vokals *-e* am Verb *-siba* „einsperren" kein Lautwechsel statt, da der vorausgehende Konsonant weder alveolar, velar noch palatal ist.

  [19] *o-mu-sib-e*   *omusibe*   „Gefangener"

   Aug-Kl1-einsperren-DerSuf   (D.N.: 105; FHRI: 63)

---

[71] Der Begriff *omuwaabi* ist vom Verb *-waaba* „anklagen" abgeleitet.
[72] Der Terminus *omulebuzi* ist vom Verb *-lebula* „verleumden" abgeleitet. Das Anfügen des Derivationssuffixes *-i* am Stamm des Verbs beeinflusste den vorausgehenden stimmhaften Konsonant *l* und veränderte diesen zu einem stimmhaften alveolaren Frikativ.
[73] Im *Enkuluze ya Oluganda* ist auch *omuddusi* „Flüchtling" aufgeführt (Kiingi 2007: 700). *Omudduse* und *omuddusi* unterscheiden sich nur hinsichtlich der verwendeten Derivationssuffixe. Die Begriffe sind bedeutungsgleich.

Im Datenkorpus der Strafrechtstermini finden sich auch Agensnomina mit dem Final-vokal -a. Diese Nomina lassen sich überwiegend von Kausativ- und Passivverben ableiten (Ashton 1954: 377, 378; Schadeberg 2003: 80). In den Beispielen [20] und [21] sind die Deverbativa von Kausativverben abgeleitet.

Der Terminus omugobya „Betrüger" in Beispiel [20] ist vom Verb -gobya „betrügen" abgeleitet. An dessen Stamm wird der Vokal -a angefügt und anschließend das Nomi-nalklassenpräfix (o)mu- vorangestellt.

[20] o-mu-goby-a   omugobya   „Betrüger"
     Aug-Kl1-betrügen-Kaus-DerSuf   (D.N.: 17)

Der Strafrechtsterminus omubuuliriza „Ermittlungsbeamter" in Beispiel [21] ist vom Kausativverb -buuliriza[74] „verhören" abgeleitet. Das Kausativverb ist seinerseits vom Verb -buula „erzählen" abgeleitet. Die Grundbedeutung des Verbs wird dabei verändert.

[21] o-mu-buul-iriz-a   omubuuliriza „Ermittlungsbeamter"
     Aug-Kl1-erzählen-Kaus-DerSuf   (D.N.: 73)

In Beispiel [22] ist das Agensnomen omuvunaanwa „Angeklagter" von der Passivform des Verbs -vunaana „anklagen" abgeleitet.

[22] o-mu-vunaan-w-a   omuvunaanwa „Angeklagter"
     Aug-Kl1-anklagen-Pass-DerSuf   (D.N.:30; FHRI: 62)

Nomina Acti

Mit dem Terminus „Nomen Acti" werden Nomina bezeichnet, die das Ergebnis der durch das Verb ausgedrückten Handlung bezeichnen (Bußmann 2002: 468). Ein solches Ergebnis ist zum einen ein Zustand, zum anderen aber auch ein Gegenstand, der aus der Situation resultiert (Kirwan 1951: 117; Ashton 1954: 377).

Nomina Acti werden in Luganda oftmals durch Präfigierung der Nominalklassenpräfixe (e)ki- und (o)lu- und durch Suffigierung des Derivationssuffixes -o am Stamm des

---

[74] Die Darlegung der Ableitung des Verbs -buuliriza „vermitteln" liegt in Beispiel [44] vor.

Verbs gebildet (Kirwan 1951: 117). Im Datenkorpus der Strafrechtstermini lassen sich eine Reihe von Nomina Acti mit dem Nominalklassenpräfix *(e)ki-* finden, von denen drei im Folgenden analysiert werden.

In Beispiel [23] bezeichnet der Strafrechtsterminus *ekiwero* „Verbot" das Resultat der Handlung, die das Verb *-wera* „verbieten"[75] ausdrückt. Am Stamm dieses Verbs wird das Derivationssuffix *-o* angefügt und das Nominlklassenpräfix *(e)ki-* vorangestellt.

[23] *e-ki-wer-o*   *ekiwero*   „Verbot"
     Aug-Kl7-verbieten-DerSuf   (D.N.: 106; FHRI: 79)

Der in Beispiel [24] dargestellte Terminus *ekisonyiwo* „Straferlass" bezeichnet das Ergebnis der durch das Verb *-sonyiwa* „begnadigen"[76] ausgedrückten Handlung. Wie im obigen Beispiel dargelegt, wird am Stamm des Verbs *-sonyiwa* das Derivationssuffix *-o* angefügt. Des Weiteren wird dem Verbalstamm das Nominalpräfix der Klasse 7 vorangestellt.

[24] *e-ki-sonyiw-o*   *ekisonyiwo*   „Straferlass"
     Aug-Kl7-begnadigen-DerSuf   (D.N.: 97)

Der in Beispiel [25] dargestellte Strafrechtsterminus *ekyemulugunyo* „Klage" ist vom Verb *-emulugunya*[77] „klagen" abgeleitet und bezeichnet ebenfalls das Ergebnis der durch das Verb ausgedrückten Handlung. Der Terminus *ekyemulugunyo* wird ebenfalls durch die Suffigierung des Vokals *-o* und der Präfigierung des Nominalklassenpräfixes *(e)ki-* gebildet. Der Strafrechtsterminus gehört damit auch der Klasse 7 an.

[25] *e-ki-emuluguny-o*   *ekyemulugunyo* „Klage"
     Aug-Kl7-klagen-DerSuf   (D.N.: 21)

---

[75] Das Verb *-wera* „verbieten" weist neben der Bedeutung „verbieten" noch weitere Bedeutungen wie „erreichen" und „versprechen" auf (Bagunywa et al 2009: 170). Es hat demzufolge eine Bedeutungsveränderung des Verbs *-wera* stattgefunden.
[76] Die ursprüngliche Bedeutung des Verbs *-sonyiwa* ist „verzeihen" und hat durch die semantische Erweiterung eine strafrechtsspezifische Bedeutung erlangt.
[77] Ursprüngliche Bedeutung des Verbs *-emulugunya* ist „motzen" (Bagunywa et al 2009: 26).

Im Datenkorpus der Strafrechtstermini lassen sich außerdem Nomina Acti finden, die das Derivationssuffix -o aufweisen, jedoch mit dem Nominalpräfix der Klasse 9 gebildet sind.

Der in Beispiel [26] vorliegende Strafrechtsterminus *envunaano* „Anklage" stellt ein solches Nomen dar. Der Strafrechtsterminus ist vom Verb -*vunaana* „anklagen" abgeleitet. Am Stamm des Verbs wurde das Derivationssuffix -o angefügt und das Nominalklassenpräfix *(e)n*- vorangestellt.

[26] *e-n-vunaan-o*   *envunaano*   „Anklage"
      Aug-Kl9-anklagen-DerSuf   (D.N.: 2; FHRI: 65)

Daneben gibt es auch Strafrechtstermini, die das Nominalpräfix der Klasse 9 aufweisen, jedoch auf den Vokal *a* enden. Die Funktion des Vokals *a* ist hier aber nicht eindeutig festzulegen. Er kann zum einen als Ableitungssuffix fungieren. Zum anderen kann er als Endvokal der finiten Form des Verbs analysiert werden. In der Funktion als Derivationssuffix handelt es sich bei den Strafrechtstermini um von Verben abgeleitete Nomina. Im letzteren Fall geht es um Strafrechtstermini, die im Wege des Nominalklassentransfers gebildet werden.[78]

Der in Beispiel [27] dargestellte Strafrechtsterminus *ensala* „Gerichtsurteil" kann daher folgendermaßen analysiert werden: Zum einen kann der Rechtsbegriff *ensala* als ein vom Verb abgeleitetes Nomen aufgefasst werden. Nach dieser Auffassung ist der Strafrechtsterminus vom Verb -*sala* „entscheiden" abgeleitet. Der am Stamm des Verbs angefügte Vokal *a* stellt in diesem Fall ein Ableitungssuffix dar.

Zum anderen kann der Strafrechtsterminus *ensala* „Gerichtsurteil" als ein vom Nomen abgeleitetes Nomen anaysliert werden (siehe Beispiel [28]). Nach dieser Analyse stellt der Finalvokal *a* kein Ableitungssuffix dar, sondern ist der Endvokal des als Ableitungsbasis herangezogenen Nomens *okusala*, der in die Klasse 9 transferiert wird und das Nominalpräfix dieser Klasse bekommt.

[27] *e-n-sal-a*   *ensala*   „Gerichtsurteil"
      Aug-Kl9-entscheiden-DerSuf   (D.N.: 74; FHRI: 77)

---

[78] Der Nominalklassentransfer als Form der nominalen Derivation ist in Abschnitt 3.2.1.1.2 erläutert.

[28] *e-n-sala*   <   *o-ku-sala*

    Aug-Kl9-entscheiden   Aug-Kl15-entscheiden

    „Gerichtsurteil"   „Entscheiden"

Nomina Actionis

Nomina Actionis sind meist von Verben abgeleitete Nomina, die sich auf Handlungen und Vorgänge beziehen (Bußmann 2002: 469). Sie werden ebenso als Verbalabstrakta bezeichnet (ebd.).

Im Datenkorpus der Strafrechtstermini ist eine Anzahl von Nomina Actionis vorhanden, die sowohl unterschiedliche Ableitungssuffixe als auch unterschiedliche Nominalklassenpräfixe aufweisen. Zum einen lassen sich im Korpus die Verbalnomina finden. Als solche werden Nomina bezeichnet, die den Endvokal *a* haben und mit dem Nominalklassenpräfix *(o)ku-* gebildet werden. Zum anderen gibt es eine Reihe von Strafrechtstermini, die durch das Voranstellen des Nominalklassenpräfixes *(o)bu-* am Stamm des Verbs entstanden sind, jedoch unterschiedliche Ableitungssuffixe aufzeigen.

In den Beispielen [29], [30] und [31] liegen Strafrechtstermini vor, die Verbalnomina darstellen und als solche mit dem Nominalpräfix der Klasse 15 gebildet werden.

In Beispiel [29] liegt der Strafrechtsterminus *okwetta* „Selbstmord"[79] vor und bezieht sich auf die durch das Reflexivverb *-etta* „sich umbringen" ausgedrückte Handlung.

[29] *o-ku-etta*   *okwetta*   „Selbstmord"

    Aug-Kl15-sich umbringen   (D.N.: 129)

Der in Beispiel [30] dargestellte Strafrechtsterminus *okukuba* „tätliche Beleidigung"[80] stellt ebenso ein Verbalnomen dar.

[30] *o-ku-kuba*   *okukuba*   „tätliche Beleidigung"

    Aug-Kl15-schlagen   (D.N.: 8; E.H.: 186)

---

[79] Für den Begriff „Selbstmord" wird im Rechtswörterbuch neben *okwetta* noch den Terminus *okwetuga* aufgeführt. Meinem Informanten zufolge ist die Bedeutung von *okwetta* im Gegensatz zu der von *okwetuga* weiter ausgelegt. Der Terminus *okwetta* bezeichnet alle Arten von Selbstmord (Sprung, Erschießen, Erhängen usw.). Der Strafrechtsterminus *okwetuga* hingegen erfasst lediglich den Selbstmord durch Erhängen.

[80] Der Strafrechtsterminus *okukuba* „tätliche Beleidigung" hat ursprünglich die Bedeutung „Angriff". Der Begriff wurde demzufolge semantisch erweitert.

Ein weiteres Verbalnomen ist in Beispiel [31] dargelegt. Im Rechtswörterbuch ist neben dem Strafrechtsterminus *okuwambula* außerdem der Rechtsbegriff *obuwambuze*[81] aufgeführt. Meinem Informanten zufolge haben beide Begriffe dieselbe Bedeutung. Sie unterscheiden sich aber sowohl hinsichtlich der verwendeten Ableitungssuffixe als auch hinsichtlich der verwendeten Nominalklassenpräfixe.

> [31] *o-ku-wambula*   *okuwambula*   „Entführung"
>   Aug-Kl15-entführen   (D.N.: 36)

In den folgenden Beispielen werden Strafrechtstermini analysiert, die der Klasse 14 angehören, aber mit unterschiedlichen Ableitungssuffixen gebildet werden.

Der in Beispiel [32] demonstrierte Strafrechtsterminus *obusobya* „Verschulden" stellt hinsichtlich des zur Ableitung herangezogenen Verbs eine Besonderheit dar. Im Gegensatz zu anderen Nomina Actionis sind Nomina mit dem Ableitungssuffix *-a* in der Regel von Kausativverben abgeleitet. Der in diesem Beispiel repräsentierte Terminus *obusobya* „Verschulden" ist vom Kausativverb *-sobya*[82] „Fehler machen" abgeleitet, welches seinerseits vom Verb *-soba* „Unrecht haben" abgeleitet ist.

> [32] *o-bu-sob-y-a*   *obusobya*   „Verschulden"
>   Aug-Kl14-Unrecht haben-Kaus-DerSuf   (FHRI: 75; D.N.: 50)

Nsereko führt im Rechtswörterbuch neben dem Terminus *obusobya* „Verschulden" auch den Begriff *ensobi* auf. Die Strafrechtstermini unterscheiden sich sowohl hinsichtlich der verwendeten Derivationssuffixe als auch in der Wahl des Nominalklassenpräfixes. Mein Informant betont aber, dass beide Termini jedoch die gleiche Bedeutung haben.

In den Beispielen [33] und [34] sind weitere Nomina Actionis dargelegt, die sich auf die durch das Verb ausgedrückte Handlung beziehen. Die Ableitung dieser Termini ist durch die Suffigierung des Vokals *e* am Stamm des Verbs und durch das Voranstellen des Nominalklassenpräfixes *(o)bu-* erfolgt.

---

[81] Der Strafrechtsterminus *obuwambuze* „Entführung" ist in Beispiel [36] analysiert.
[82] Das Verb *-sobya* hat neben der Bedeutung „Fehler machen" noch weitere Bedeutungen wie „zerstören", „verletzen" und „vergewaltigen" (Bagunywa et al 2009: 144). Für die Übersetzung des Strafrechtsterminus „Vergewaltigung" wurde *-sobya* jedoch nicht als Ableitungsbasis verwendet, stattdessen wurde dieser Begriff mit einem mehrgliedrigen Ausdruck umschrieben.

Der Strafrechtsterminus *obuwaŋŋanguse* „Verbannung" in Beispiel [33] ist vom Verb - *waŋŋanguka* „verbannen" abgeleitet und bezeichnet die durch dieses Verb ausgedrückte Handlung. Entgegen Ashtons Aussage[83] führt das Anfügen des Suffixes *-e* am Stamm des Verbs *-waŋŋanguka* „verbannen" zur Alternation des vorausgehenden stimmlosen velaren Konsonanten *k*, der sich zu einem stimmlosen alveolaren Frikativ *s* verändert.

[33] *o-bu-waŋŋanguk-e*   *obuwaŋŋanguse* „Verbannung"
Aug-Kl14-verbannen-DerSuf   (D.N.: 10)

Auch die Bildung des in Beispiel [34] dargelegten Strafrechtsbegriffs *obuwambuze* „Entführung" erfolgt ebenso durch das Anfügen des Suffixes *-e* am Stamm des Verbs - *wambula* „entführen" und durch das Voranstellen des Nominalpräfixes der Klasse 14. Die Suffigierung des Vokals *e* am Stamm des Verbs bewirkt auch hier einen Lautwechsel des vorausgehenden stimmhaften alveolaren Konsonanten, der sich zu einem stimmhaften alveolaren Frikativ verändert.

[34] *o-bu-wambul-e*   *obuwambuze* „Entführung"
Aug-Kl14-entführen-DerSuf   (D.N.: 75)

In den Beispielen [35], [36] und [37] liegen Strafrechtstermini vor, die ebenso als Nomina Actionis zu klassifizieren sind. Sie weisen ebenfalls das Nominalklassenpräfix *(o)bu-* auf. Im Gegensatz zu den bisherigen analysierten Nomina Actionis erfolgt die Bildung der in den nächsten Beispielen repräsentierten Strafrechtsbegriffe durch Suffigierung des Vokals *i* am Stamm des Verbs, das zur Ableitung herangezogen wird.

Der Strafrechtsterminus *obusosozi* „Diskriminierung" in Beispiel [35] bezieht sich auf die durch das Verb *-sosola* „diskriminieren" ausgedrückte Handlung. Die Suffigierung des Vokals *i* am Stamm dieses Verbs beeinflusst den vorausgehenden alveolaren lateralen Approximanten, der sich daraufhin zu einem stimmhaften alveolaren Frikativ verändert.

[35] *o-bu-sosol-i*   *obusosozi*   „Diskriminierung"
Aug-Kl14-diskriminieren-DerSuf   (D.N.: 36)

---

[83] Nach Ashton findet die Alternation der vorausgehenden alveolaren, velaren, palatalen Konsonanten nur beim Anfügen der Derivationssuffixen *-i* und *-u* statt (1954: 373).

Der Strafrechtsbegriff in Beispiel [36] erfolgt ebenso durch das Anfügen des Ableitungssuffixes -*i* und durch das Voranstellen des Nominalpräfixes *(o)bu-* am Stamm des Applikativverbs -*gulirira* „bestechen"[84]. Da der vorausgehende Konsonant ebenso einen stimmhaften alveolaren Laut darstellt, wird dieser vom angefügten Derivationssuffix -*i* beeinflusst und verändert sich auch zu einem stimmhaften alveolaren Frikativ.

[36] *o-bu-gul-irir-i*   *obugulirizi*   „Bestechung"

   Aug-Kl14-kaufen-Appl-DerSuf   (D.N.: 12)

Im Rechtswörterbuch und im Handbuch zur Menschenrechtsbildung ist auch der Strafrechtsbegriff *enguzi* erwähnt, der meinem Informanten zufolge dieselbe Bedeutung wie der in Beispiel [36] analysierte Begriff *obugulirizi* hat. Die Termini unterscheiden sich jedoch hinsichtlich des verwendeten Nominalklassenpräfixes und hinsichtlich des Verbs, das als Ableitungsbasis herangezogen wird. Während der Terminus *obugulirizi* „Bestechung" von einem Applikativverb abgeleitet ist, ist der Begriff *enguzi* „Bestechung" vom Verb -*gula* „kaufen" abgeleitet.

Der in Beispiel [37] demonstrierte Strafrechtsterminus *obutulugunyi* „Folter" ist ein weiterer Nomen Actionis, der mit dem Ableitungssuffix -*i* und dem Nominalpräfix der Klasse 14 gebildet wird. Abgeleitet wird der Rechtsbegriff *obutulugunyi* „Folter" vom Verb -*tulugunya* „foltern".

[37] *o-bu-tuluguny-i*   *obutulugunyi* „Folter"

   Aug-Kl14-foltern-DerSuf   (D.N.: 134; FHRI: 76)

3.2.1.1.2 Nominalklassenwechsel

Neben der deverbalen Derivation besteht auch die Möglichkeit der nominalen Derivation von nominaler Basis. Diese erfolgt, indem der Nominalstamm in eine andere Klasse transferiert wird und das Nominalpräfix dieser Klasse erhält (Schadeberg 2003: 82).

Im Datenkorpus der Strafrechtstermini lassen sich einige Nomina finden, die das Resultat der nominalen Ableitung von nominaler Basis darstellen. Jene Nomina, auch Abstrakta genannt, weisen das Nominalklassenpräfix *(o)bu-* auf und sind von Agensnomina,

---

[84] Das Applikativverb -*gulirira* „bestechen" ist in Beispiel [46] analysiert.

die wiederum Ableitungen von verbaler Basis darstellen, abgeleitet. Der Transfer des Nominalstammes erfolgt demzufolge von Klasse 1 in Klasse 14.

Der in Beispiel [38] dargestellte Terminus *obusibe* „Gefangenschaft" ist von *omusibe* „Gefangener"[85] abgeleitet. Das Nomen *omusibe* „Gefangener" wurde folglich in Klasse 14 transferiert. Das ursprüngliche Präfix der Klasse 1 *(o)mu-* wurde durch das Präfix der Klasse 14 ersetzt.

[38] *o-bu-sibe*   <   *o-mu-sibe*

     Aug-Kl14-Gefangenschaft   Aug-Kl1-Gefangener

        (D.N.: 65; FHRI: 104)   (D.N.: 105; FHRI: 63)

Der in Beispiel [39] vorliegende Strafrechtsterminus *obwenzi* „Ehebruch" ist vom Nomen *omwenzi* „Ehebrecher" abgeleitet. Der Nominalstamm wurde in Klasse 14 transferiert und das Präfix *(o)mu-* wurde durch das Präfix jener Klasse ersetzt.

[39] *o-bu-enzi*   <   *o-mu-enzi*

     Aug-Kl14-Ehebruch   Aug-Kl1-Ehebrecher

        (E.H.: 186; D.N.: 74)   (D.N.: 4)

Die in den Beispielen [40] und [41] dargestellten Strafrechtstermini *obubbi* „Diebstahl" und *obujambula* „Terrorismus" werden nach dem in den obigen Beispielen beschriebenen Ableitungsprozess gebildet.

[40] *o-bu-bbi*   <   *o-mu-bbi*

     Aug-Kl14-Diebstahl   Aug-Kl1-Dieb

        (D.N.: 133)   (FHRI: 90; D.N.: 134)

[41] *o-bu-jambula*   <   *o-mu-jambula*

     Aug-Kl14-Terrorismus   Aug-Kl1-Terrorist

        (D.N.: 133)   (D.N.: 133)

---

[85] Der Terminus *omusibe* „Gefangener" ist in Beispiel [19] erläutert.

3.2.1.1.3 Deadjektiva

Nomina lassen sich neben Verben und anderen Nomina auch von Adjektiven ableiten, weshalb sie in der Linguistik auch als Deadjektiva[86] bezeichnet werden (Bußmann 2002: 146).

Die Derivation der Deadjektiva erfolgt durch die Präfigierung eines Nominalklassenpräfixes am Adjektiv. In der Regel wird dem Adjektiv das Nominalpräfix aus Klasse 14 vorangestellt. Damit bilden die von Adjektiven abegeleiteten Nomina Abstrakta.

In Beispiel [42] liegt ein vom Adjektiv abgeleitetes Nomen dar. Der Begriff *obukamb-we*[87] „Gewalt" ist vom Adjektiv *-kambwe* „gewaltsam" abgeleitet. Durch die Präfigierung des Nominalpräfixes *(o)bu-* ist ein Abstraktnomen entstanden.

[42] *o-bu-kambwe*   *obukambwe*   „Gewalt"

Aug-Kl14-gewaltsam   (D.N.: 2; FHRI: 65)

Der in Beispiel [43] vorliegende Strafrechtsterminus *obulagajjavu* „Fahrlässigkeit" ist vom Adjektiv *-lagajjavu*[88] „fahrlässig" abgeleitet.

[43] *o-bu-lagajjavu*   *obulagajjavu* „Fahrlässigkeit"

Aug-Kl14-fahrlässig   (D.N.: 90)

3.2.1.2 Verbale Derivation

Neben der Ableitung von Nomina, können durch den Vorgang der verbalen Derivation auch Verben abgeleitet werden. Dies geschieht durch das Hinzufügen von Affixen am Wortstamm des Verbs. Verbalableitungen können auch von bereits abgeleiteten Verben vorgenommen werden (Jungraithmayr et al 1983: 258). An einer Verbalwurzel kann somit folglich mehr als ein Ableitungsaffix angefügt sein.

In afrikanischen Sprachen lassen sich mehrere Verbalableitungsfunktionen nachweisen (ebd.). Dabei sind insbesondere die Verbalerweiterungen des Kausativs und des Applikativs sehr produktiv (Schadeberg 2003: 72). Durch die Derivation kann die Grundbe-

---

[86] Mit dem Terminus Deadjektiva werden auch Verben bezeichnet, die von Adjektiven abgeleitet sind (Bußmann 2002: 146).

[87] Der Begriff *obukambwe* lässt sich in andere Strafrechtstermini wieder finden, wie z.B. in *obukambwe mu maka* „häusliche Gewalt" und in *obukambwe mu mukwano* „sexuelle Gewalt".

[88] Der adjektivische Strafrechtsterminus *-lagajjavu* „fahrlässig" ist in Beispiel [49] analysiert.

deutung des Verbs, an welchem die verbalen Ableitungsaffixe angefügt werden, verändert werden.

Wandruszka zufolge bilden Verben die am wenigsten in den Fachsprachen vertretene Wortart (1975: 12). Im Rechtswörterbuch ist jedoch eine Vielzahl von Verben zu finden, die nicht nur dem Strafrecht, sondern auch anderen Rechtsgebieten zuzuordnen sind. Wandruszka ist diesbezüglich zu widersprechen. Die im Datenkorpus vorkommenden Verben stellen häufig Verbalableitungen dar, wobei die Applikativverben am häufigsten vertreten sind. Es ist hier anzumerken, dass in den nominalen Derivationen auch bereits Verbalableitungen enthalten sind.

Im Folgenden werden die Verbalableitungen des Kausativs und des Applikativs erklärt und anhand verbaler Strafrechtstermini aus dem Datenkorpus veranschaulicht.

3.2.1.2.1 Kausativ

Der Terminus „Kausativ" erfasst zumeist mehrere Funktionen von Verbalableitungen (Jungraithmayr 1983: 123). Bisher wurden drei verschiedene Typen des Kausativs definiert. Der wohl am weitesten verbreitete Typus ist der Vorgang des „Veranlassens". Das Subjekt des Satzes veranlasst das Objekt, die im unabgeleiteten Verb ausgedrückte Handlung auszuführen (Jungraithmayr 1983: 123). In Luganda wird dieser Typus des Kausativs mit dem Ableitungsaffix -y-[89] gebildet, welches das älteste verwendete Kausativmorphem darstellt (Ashton 1954: 340). Ashton erwähnt daneben auch die Ableitungsaffixe -iriz- und -erez-, deren Verwendung bedingt ist durch den vorausgehenden Vokal.[90] Diese werden von Chesswas als doppelte Kausativmorpheme beschrieben (1952: 132). Die Verwendung jener Kausativableitungen kann zur Veränderung der Grundbedeutung des Verbs führen.

Der in Beispiel [44] vorliegende verbale Strafrechtsterminus -buuliriza „verhören"[91] ist vom Verb -buula „erzählen" abgeleitet. Da der vorausgehende Vokal des Verbs -buula

---

[89] Gemäß der gängigen Bantu-Konvention werden die Ableitungssuffixe mit Bindestrichen zu beiden Seiten zitiert. Dies ist jedoch linguistisch nicht ganz korrekt, denn die doppelte Bindestrichsetzung zeigt hier vielmehr an, dass es sich um ein Infix handelt, welches in die lexikalische Wurzel eindringt. Doch keines der Ableitungsaffixe tut dies in Luganda. Sie sind keine Infixe, sondern stellen Suffixe dar, die jedoch nicht wie andere Suffixe in finaler Position stehen.

[90] Ist der vorausgehende Vokal ein a, i oder u, wird iriz- angefügt, während -erez- vor den Vokalen e oder o angefügt wird.

[91] Das Verb buuliriza „verhören" hat in der Gemeinsprache die Bedeutungen „an- bzw. nachfragen". Durch die semantische Erweiterung hat das Verb eine für das Strafrecht spezifische Bedeutung erhalten.

„erzählen" ein *u* darstellt, wird am Stamm dieses Verbs das Kausativmorphem *-iriz-* angefügt. Die Grundbedeutung des Verbs wird hierbei verändert.

[44] *-buul-iriz-a*   *-buuliriza*   „verhören"

erzählen-Kaus-FV   (D.N.: 72)

In Beispiel [45] ist die Paraphrase *-sasuza ensimbi z´obulyake* „Geld erpressen" darge-stellt. Das in der Umschreibung enthaltende Kausativverb *-sasuza* „jdn. dazu bringen, zu bezahlen" ist vom Verb *-sasula* „bezahlen" abgeleitet. Am Stamm dieses Verbs ist das Kausativmorphem -y- angefügt. Beim Anfügen dieses Affixes bewirkt dieses wie das Derivationssuffix *-i* einen Lautwechsel des vorausgehenden alveolaren Konsonan-ten. Der alveolare Konsonant verändert sich folglich zu einem stimmhaften alveolaren Frikativ.

Die Bedeutung „Geld erpressen" erhält das Kausautivverb durch die Ergänzung der nominalen Possessivkonstruktion *ensimbi za obulyake* „Erpressungsgeld".

[45] *-sasul-y-a*   *e-n-simbi*   *za*   *o-bu-lyake*

bezahlen-Kaus-FV Aug-Kl10-Geld Kl10:Gen Aug-Kl14-Erpressung

-sasuza ensimbi z´obulyake   „Geld erpressen" (D.N.: 11)

3.2.1.2.2 Applikativ

Neben Kausativverben sind im Datenkorpus auch Verbalableitungen des Applikativs zu finden. Applikativverben sind transitiv. Als solche regieren sie ein direktes Objekt, welches die semantische Rolle des Benefizienten, Ortes, Instruments oder der Ursache ausführt (Ashton 1954: 330). Die produktivste und am häufigsten verwendete Funktion ist die des Benefizienten (Schadeberg 2003: 74). Das Anfügen des Applikativs-morphems kann auch die Grundbedeutung des Verbs verändern.

Ashton erwähnt zwei Formen von Applikativmorphemen, die in Luganda zur Bildung von Applikativverben verwendet werden (1954: 330, 332). Mit den Suffixen *-ir-* und -*er-* werden „einfache" Applikativverben gebildet, während die mit den Applikativaffi-xen *-irir-* und *-erer-* abgeleiteten Verben als „intensiv" beschrieben werden (ebd.). Die Intensität wird u.a. dadurch gekennzeichnet, dass die durch diese Verben ausgedrückte Handlung an mehr als einem Objekt ausgerichtet ist.

Die Verwendung der einzelnen Applikativmorphemen wird durch die Regeln der Vokalharmonie bestimmt. So werden die Affixe -ir- und -irir- vor den Vokalen *a*, *i* oder *u* gesetzt, während die Applikativmorpheme -er- und -erer- vor den Vokalen *e* oder *o* angefügt werden (Ashton 1954: 330).

Der in Beispiel [46] repräsentierte verbale Strafrechtsterminus -*gulirira* „bestechen" ist vom Verb -*gula* „kaufen" abgeleitet. Da der vorausgehende Vokal des Verbs -*gula* ein *u* darstellt, ist am Stamm des Verbs das Applikativmorphem -*irir*- suffigiert. Durch die Ableitung hat das Verb eine für das Strafrecht spezifische Bedeutung erhalten. Die Grundbedeutung des Verbs wird hierbei verändert.

[46] -*gul-irir-a*   -*gulirira*   „bestechen"

     kaufen-Appl-FV   (D.N.: 12)

In Beispiel [47] liegt das Applikativverb -*wagira* „anstiften" vor. Dieses ist vom Verb -*waga* abgeleitet. Da der vorausgehende Vokal ein *a* ist, ist am Stamm des Verbs -*waga* das Appliakivmorphem -*ir*- angefügt. Durch die Ableitung hat das Verb eine für das Strafrecht spezifische Bedeutung bekommen.

[47] -*wag-ir-a*   -*wagira*   „anstiften"

     untersützen-Appl-FV   (D.N.: 1)

In Beispiel [48] ist die Umschreibung des verbalen Begriffs „verhaften" repräsentiert, in der das Applikativverb -*ggalira* „jdn. einschließen" ein Bestandteil darstellt. Das Applikativverb ist vom Verb -*ggala* „schließen" abgeleitet. Auch an diesem Verb ist aufgrund des vorausgehenden Vokals *a* das Applikativmorphem -*ir*- suffigiert. Die Ergänzung *mu kkomera* gibt den Ort an, in dem die durch das Applikativverb ausgedrückte Handlung statt findet.

[48] -*ggal-ir-a*   *mu kkomera*

     schließen-Appl-FV Loc Kl5:Gefängnis

    -*ggalira mu kkomera*   „verhaften" (D.N.: 64; FHRI: 66)

3.2.1.3 Adjektivische Derivation

Im Datenkorpus der Strafrechtstermini finden sich neben einer Vielzahl von Nomina und Verben auch Adjektive, die von Verben abgeleitet sind. Die Derivation von Adjektiven geschieht durch Suffigierung von Vokalen am Stamm des Verbs, wobei der Vokal *u* am häufigsten als Ableitungssuffix fungiert (Kirwan et al 1951: 118). Daneben gibt es einige Adjektive, die mit dem Suffix *-e* gebildet sind (Kirwan et al 1951: 119). Darüber, ob die Suffixe *-u* und *-e* willkürlich verwendet werden oder ob deren Verwendung irgendwelchen Regeln unterliegt, wird in den verwendeten Grammatiken nichts gesagt.

In Beispiel [49] liegt ein vom Verb abgeleitetes Adjektiv vor. Der adjektivische Strafrechtsterminus *-lagajavu* „fahrlässig" ist vom Verb *-lagajjala* „vernachlässigen" abgeleitet. Da der vorausgehende Konsonant des Verbs alveolar ist, findet beim Anfügen des Vokals *u* am Stamm des Verbs *-lagajjala* ein Lautwechsel statt.[92] Der stimmhafte alveolare Laut *l* verändert sich folglich zu einem stimmhaften labiodentalen Frikativ *v*.

[49] *-lagajjal-u*   *-lagajjavu*   „fahrlässig"
    vernachlässigen-DerSuf   (D.N.: 90)

Die in den Beispielen [50] und [51] dargestellten Adjektive sind beide mit dem Suffix *-e* gebildet worden. Dieser ist an den Stämmen der Verben *-wera* „verbieten" und *-genderera* „beabsichtigen" angefügt worden.

[50] *-wer-e*   *-were*   „verboten"
    verbieten-DerSuf   (D.N.: 106)

[51] *-genderer-e*   *-genderere*   „vorsätzlich"
    beabsichtigen-DerSuf   (D.N.: 30)

3.2.2 Komposition

Die Komposition, auch Zusammensetzung genannt, stellt neben der Derivation eines der beiden Hauptverfahren zur Bildung neuer Wörter dar (Bußmann 2002: 360). Die Komposition ist die Zusammenführung von mindestens zwei frei vorkommenden Mor-

---

[92] In Abschnitt 3.2.1.1.1 ist der vom Ableitungssuffix *-u* bewirkte Lautwechsel bestimmter vorausgehender Konsonanten beschrieben.

phemen oder Morphemkonstruktionen zu einem Wort, auch als Kompositum bezeichnet (Bußmann 2002: 362). Besonders produktiv gelten die Zusammensetzungen aus zwei Nomina, auch als N+N-Komposita bezeichnet (Bußmann 2002: 360).

Die im Datenkorpus der Strafrechtstermini vorkommenden Komposita stellen Zusammensetzungen aus zwei nominalen Gliedern dar, wobei beim zweiten Nomen das Augment entfällt. Der Kopf des Kompositums, der die grammatischen Eigenschaften des Kompositums bestimmt, steht dabei an erster Stelle. Schadenberg zufolge können die N+N-Komposita auch als verkürzte nominale Possessivkonstruktionen verstanden werden (1992: 12). Verkürzt deshalb, da die zur Markierung der Possession erforderliche Genitivpartikel in dem N+N-Kompositum nicht vorhanden ist.[93]

In den Beispielen [52] und [53] sind zwei der im Datenkorpus vorkommenden Komposita näher analysiert.

In Beispiel [52] ist das Kompositum *omukwasamateeka* „Vollstreckungsbeamter" dargestellt, das aus den nominalen Gliedern *omukwasa* und *amateeka* zusammengesetzt ist. Beide Nomina sind das Ergebnis einer vom Verb stattgefundenen Derivation. Der Begriff *omukwasa* „Vollstrecker", der den Kopf des Kompositums darstellt, ist vom Verb *-kwasa* „vollstrecken" abgeleitet und ist durch das Voranstellen des Nominalklassenpräfixes *(o)mu-* der Klasse 1 zugeordnet. Der Begriff *amateeka* „Gesetze" hingegen lässt sich vom Verb *-teeka* „setzen, regeln" ableiten. Bei der Zusammensetzung der Nomina verliert das Nomen *amateeka* sein Augment. Adjektive, Demonstrative und weitere Modifikatoren, die dem Kompositum folgen, erhalten das zur Klasse des Nomens *omukwasa* gehörige Konkordanzmorphem.

[52] *o-mu-kwasa-ma-teeka*

Aug-Kl1-vollstrecken-Kl6-setzen

omukwasamateeka   „Vollstreckungsbeamter"   (D.N.: 42)

Das in Beispiel [53] dargestellte Kompositum *omuteeka-mateeka* „Gesetzgeber" setzt sich aus den Deverbativa *omuteeka* und *amateeka* zusammen. Beide Nomina sind vom Verb *-teeka* „setzen" abgeleitet, aber durch das Voranstellen unterschiedlicher Nominalklassenpräfixe verschiedener Klassen zugeordnet. Das Augment des zweiten Nomens des Kompositums entfällt ebenfalls bei der Zusammensetzung.

---

[93] Nominale Possessivkonstruktionen sind in Abschnitt 3.1 beschrieben.

[53] *o-mu-teeka-ma-teeka*

Aug-Kl1-setzen-Kl6-setzen

omuteeka-mateeka　　　　„Gesetzgeber"　　　　(D.N.: 78)

3.2.3 Reduplikation

Die Reduplikation, auch Verdoppelung, ist ein morphologischer Prozess, bei welchem Laute, Silben, Worte oder Wortteile wiederholt werden (Bußmann 2002: 553). Dies geschieht, indem ein bestimmter Teil des Basislexems redupliziert wird und anschließend an das Basislexem angefügt wird. In der Linguistik wird zwischen partieller und totaler Reduplikation unterschieden (Schadeberg 1992: 186). Bei der partiellen Reduplikation wird oftmals die erste Silbe des Basislexems redupliziert (ebd.). Die partielle Reduplikation gilt im Gegensatz zur totalen Reduplikation, bei der der komplette Stamm redupliziert wird, als nicht sehr produktiv (Schadeberg 1992: 186). Die totale Reduplikation ist besonders bei Verben ein produktives Verfahren (Tamanji 2004: 83). Reduplikation wird oftmals dann verwendet, wenn Häufigkeit, Wiederholung oder Gleichzeitigkeit einer Tätigkeit, die Intensität von Adverben und Adjektiven, Pluralität von Verben usw. ausgedrückt werden soll (ebd.). Die Reduplikation stellt neben der Derivation und Komposition ein weiteres Verfahren zur Bildung neuer Wörter dar.

In Beispiel [54] ist ein Terminus aus dem Datenkorpus dargestellt, der durch den Prozess totaler Reduplikation entstanden ist.

Der Strafrechtsterminus *-jingajinga* „fälschen" ist durch die totale Reduplikation des Verbs *-jinga* „fälschen" entstanden. Durch die Reduplikation wird hier entweder Häufigkeit oder Wiederholung der durch das Verb bezeichneten Tätigkeit ausgedrückt.

[54] *-jingajinga*　　　　<　　　　*-jinga* „fälschen"　(D.N.: 53)

3.2.4　Semantische Erweiterung

Im Datenkorpus lässt sich eine geringe Anzahl von Termini finden, die auf dem Wege der semantischen Erweiterung entstanden sind. Die semantische Erweiterung wird als ein weiteres Verfahren zur Erneuerung und Erweiterung der strafrechtlichen Terminologie in Luganda herangezogen. Bei der semantischen Erweiterung bekommt ein in der Gemeinsprache bereits bestehendes Lexem eine zusätzliche fachsprachliche Bedeutung. Manchmal wird dabei auf den Prozess der Metaphorisierung zurückgegriffen, bei der ein Lexem von seinem eigentlichen, konkreten auf einen anderen Sinn übertragen wird, der mit jenem ursprünglichen eine gewisse Ähnlichkeitsbeziehung aufweist (Caney 1984: 19). Das Verfahren der semantischen Erweiterung folgt im Allgemeinen zur Entstehung polysemer Begriffe in der Gesamtsprache.

Folgende Beispiele aus dem Datenkorpus der Strafrechtstermini sind als Ergebnis einer semantischen Erweiterung aufzufassen.

Die ursprüngliche Bedeutung des Verbs -kosa in Beispiel [55] ist „verletzen". Das Verb -sonyiwa in Beispiel [56] bedeutet „vergeben" in der Gemeinsprache und das Verb – yamba in Beispiel [57] hat die gemeinsprachliche Bedeutung „helfen". Alle diese Verben sind semantisch erweitert worden und haben eine zusätzliche strafrechtliche Bedeutung erhalten.

[55] -kosa   „missbrauchen"   (FHRI: 88)
[56] -sonyiwa „begnadigen"   (D.N.: 97)
[57] -yamba   „anstiften"   (D.N.: 1)

In Beispiel [58] ist der Strafrechtsbegriff enjole „Leichnam" repräsentiert. Dieser bezeichnet in der Gemeinsprache lediglich den Leichnam eines Königs. Im strafrechtlichen Kontext erfasst der Begriff enjole alle Leichname. Die Bedeutung des Begriffs enjole ist in diesem Sinn erweitert worden.

[58] enjole „Leichnam" (D.N.: 26)

In der Strafrechtsterminologie des Luganda lassen sich Begriffe finden, die mehr als eine strafrechtliche Bedeutung aufweisen. In Beispiel [59] liegt ein solcher Strafrechtsbegriff vor. Der Terminus engassi hat ursprünglich die Bedeutung „Schadensersatz". Im Handbuch zur Menschenrechtsbildung ist der Begriff engassi mit der Bedeutung „Geldstrafe" verwendet worden. Die Geldstrafe stellt im strafrechtlichen Sinn eine Leistung des Schadensersatzes dar, der bei Verletzung einer Person oder Beschädigung einer Sache verlangt werden kann. Der Schadensersatz hingegen ist im strafrechtlichen Kontext der Ausgleich eines Schadens, der entweder durch eine Geldstrafe oder durch die Herstellung der beschädigten Sache erfolgen kann. Nach den strafrechtlichen Definitionen der Begriffe ist die Grundbedeutung des Terminus engassi verengt worden.

[59] *engassi* „Schadensersatz" (E.H.: 188; D.N.: 28)

„Geldstrafe" (FHRI: 90)

Meinem Informanten zufolge wird der Terminus *engassi* gegenwärtig sowohl mit der Bedeutung „Schadensersatz" als auch mit der Bedeutung „Geldstrafe" verwendet. Kommen die beiden Begriffe jedoch im selben Kontext vor, so wird für den Begriff „Geldstrafe" statt *engassi* der Strafrechtsterminus *omutango* verwendet. Beide Termini sind als sinnverwandte Lexeme in der Tabelle der Synonyme aufgeführt.[94]

3.2.5 Paraphrasen

Eine weitere Möglichkeit zur Erweiterung der strafrechtlichen Terminologie in Luganda ist die Verwendung von Paraphrasen. Paraphrasen, auch Umschreibungen, sind Mittel zur Erklärung und Verdeutlichung eines Begriffs (Bußmann 2002: 496).

In Luganda kommen sie in Betracht, wenn kein geeigneter Strafrechtsterminus zur Verfügung steht und auch kein Begriff aus der Gemeinsprache die gewünschte Bedeutung im strafrechtlichen Kontext übernehmen kann. Im Gegensatz zu Termini, die nur aus einem einzelnen Wort bestehen, haben Paraphrasen den Vorteil, verständlicher zu sein, da sie die Bedeutung des Terminus erklärend umschreiben.

In den Beispielen [60] und [61] sind zwei der im Datenkorpus vorkommenden Paraphrasen dargestellt, die die Strafrechtsbegriffe „Ladendiebstahl" und „Kapitalverbrechen" veranschaulicht wiedergeben.

[60] *okubba* *e-bi-ntu* *mu*[95] *dduuka*

Inf:stehlen Aug-Kl8-Sachen Präp Kl5:Laden

„Ladendiebstahl" (D.N.: 124)

[61] *o-mu-sango* *gwa* *e-ki-bonerezo* *kya* *okuttibwa*

Aug-Kl3-Delikt Kl3:Gen Aug-Kl7-Strafe Kl7:Gen Inf:morden:Pass:FV

„Kapitalverbrechen" (D.N.: 14)

---

[94] Im Datenkorpus kommt eine Reihe von Synonymen vor, die in einer separaten Tabelle zur Veranschaulichung aufgeführt und in Abschnitt 3.3 erläutert sind.
[95] Die Präpositionen *ku* „auf, bei, über" und *mu* „in" veranlassen den Wegfall des Augments des nachgehenden Nomens. Beispiel: *Bali mu kisenge* „Sie sind im Zimmer" (Chesswas 1954: 114).

Interessant ist die Umschreibung des Strafrechtsterminus „Einbrecher" in Beispiel [62]. Im Wortschatz des Luganda gibt es den Begriff „Einbrecher" bereits den Ausdruck *kkondo* (Bagunywa 2009: 70). Im Rechtswörterbuch und in den anderen von mir verwendeten Quellen ist der Ausdruck *kkondo* „Einbrecher" aber nicht als Einzellexem aufgeführt, sondern ist in der in Beispiel [62] dargestellten Paraphrase integriert. Durch die hinzugefügte Relativkonstruktion *amenya amayumba ekiro* „er, der nachts in Häuser einbricht" wird die Bedeutung des strafrechtlichen Konzepts präzisiert.

[62] *kkondo*[96]   *a-menya*   *a-ma-yumba*   *e-ki-ro*

Kl9:Einbrecher Kl1:Rel-(ein)brechen Aug-Kl6-Haus Aug-Kl7-Nacht

„Einbrecher"   (D.N.: 12)

Im Datenkorpus der Strafrechtstermini sind einige Paraphrasen vorhanden, die nicht alle Aspekte, sondern nur einen Teil eines strafrechtlichen Konzepts wiedergeben.

In Uganda wird unter dem Strafrechtsterminus „Inzest" den Geschlechtsverkehr zwischen Verwandten in gerader Linie (Eltern, Großeltern, Enkel usw.) verstanden (Tibatemwa-Ekirikubinza 2005: 34). Die in Beispiel [63] dargestellte Umschreibung des Strafrechtsbegriffs „Inzest" erfasst jedoch nur den Beischlaf zwischen Mutter und Kind.

[63] *okwenda*   *ku*   *mu-ana*   *gwa*   *o-zaala*[97]

Inf:Ehebruch begehen Präp Kl1-Kind Kl1:Gen 2SgS-gebären

„Inzest"   (E.H.: 189)

In Beispiel [64] ist der Terminus „Verführung" dargestellt. Dieser ist mit der Infinitivform des Verbs -*sigula* „verführen" und dem Nomen *omuwala* „Mädchen" wiedergegeben.

Im strafrechtlichen Kontext bezeichnete der Begriff „Verführung" vormals das Bestimmen eines minderjährigen Mädchens zum Beischlaf (Tibatemwa-Ekirikubinza 2005: 45). In diesem Sinn ist die in Beispiel [64] dargestellte Paraphrase eine exakte Wiedergabe des Begriffs „Verführung". Mittlerweile wird aber auch die Verführung eines

---

[96] Personenbezeichnungen der Klasse 9 verhalten sich wie Nomina der Klasse 1. Das heißt, dass Verben, Adjektive und andere Modifikatoren nicht wie erwartet ein zur Klasse 9, sondern ein zur Klasse 1 gehöriges Konkordanzpräfix erhalten.
[97] Die Paraphrase *okwenda ku mwana gw'ozaala* bedeutet wörtlich übersetzt „Ehebruch begehen mit dem Kind, das du gebärst".

minderjährigen Jungens strafrechtlich geahndet (Tibatemwa-Ekirikubinza 2005: 46). Nach dieser strafrechtlichen Definition erfasst die Paraphrase nur einen Aspekt des strafrechtlichen Konzepts.

[64] *okusigula*   *o-mu-wala*
     Inf:verführen Aug-Kl1-Mädchen
     „Verführung"   (E.H.: 191)

Interessant ist auch die Paraphrase *okukola omuwala omuto olubuto* (lit.: „einem jungen Mädchen einen Bauch machen") in Beispiel [65], die Haydon für den Terminus „Verführung" auflistet. Umschrieben wird hier nicht der Akt der Verführung, sondern vielmehr die Folge einer Verführung bzw. eines Geschlechtsverkehrs mit einem minderjährigen Mädchen.

[65] *okukola*   *o-mu-wala*   *o-mu-to*   *o-lu-buto*
     Inf:machen Aug-Kl1-Mädchen Aug-Kl1-jung Aug-Kl11-Bauch
     „Verführung"   (E.H.: 191)

Die folgende Paraphrase in Beispiel [66], die den Begriff „Genozid" wiedergibt, ist im Gegensatz zu den bisherigen analysierten Umschreibungen deutlich länger. Im Vergleich zum Terminus *obutemu ssaanya* „Genozid", der ebenfalls im Rechtswörterbuch aufgeführt ist, ist der mehrgliedrige Ausdruck zwar deskriptiver, jedoch ökonomisch nicht sehr praktisch.

[66] *o-bu-temu*   *obu-genderera*   *okusaanyaawo*
     Aug-Kl14-Mord Kl14:Rel-beabsichtigen Inf:zerstören
     ettundutundu   *lya*   *a-ba-ntu*
     Kl5:Gruppe   Kl5:Gen   Aug-Kl2- Mensch
     nga ba-lang-ibw-a   *o-lu-se*   *lwabwe,*
     Part 3PlS-beschuldigen-Pass-FV Aug-Kl11-Herkunft Kl11:Poss.3Pl
     eddiini   *yaabwe,*   *oba*   *langi*   *yaabwe*[98]
     Kl9:Religion Kl9: Poss.3Pl, oder Kl9:Farbe Kl9:Poss.3Pl
     „Genozid"   (D.N.: 57)

---

[98] Die Paraphrase *obutemu obugenderera okussaanyaawo ettundutundu ly'abantu nga balangibwa oluse lwabwe, eddiini yaabwe, oba langi yaabwe* kann wörtlich übersetzt werden mit „Mord, der beabsichtigt eine Gruppe von Menschen aufgrund ihrer Herkunft, Religion oder Hautfarbe zu zerstören".

3.2.6 Entlehnung

Eine Erweiterung der Terminologie erfolgt durch Entlehnung. Nach der Definition von Bußmann bezeichnet Entlehnung den „Vorgang und das Ergebnis der Übernahme eines sprachlichen Ausdrucks aus einer Fremdsprache in die Muttersprache" (2002: 193). Ein sprachlicher Ausdruck wird „meist in solchen Fällen, in denen es in der eigenen Sprache keine Bezeichnung für neu entstandene Sachen bzw. Sachverhalte gibt" in die Muttersprache übernommen (Bußmann 2002: 193). Bußmann betont, dass die Entwicklung politischer, kultureller, gesellschaftlicher oder wirtschaftlicher Verhältnisse Gründe für das Phänomen Entlehnung ist, die ein wichtiger Faktor im Sprachwandel darstellt (2002: 193). Die Entlehnung lässt sich unterscheiden zwischen lexikalischer und semantischer Entlehnung (Bußmann 2002: 398). Bei der lexikalischen Entlehnung übernimmt „the receiving language [...] the concept as well as the word (along with its meaning) that expresses the concept" (Tamanji 2004: 75). Das aus der Gebersprache übernommene Wort wird nach dem Grad der Integration/Assimilation in die eigene Sprache entweder als Fremdwort oder als Lehnwort bezeichnet. Entlehnungen, die sich in Lautung, Schriftbild und Flexion vollständig an die eigene Sprache assimiliert haben, werden als Lehnwörter im engeren Sinn bezeichnet (Bußmann 2002: 398). Als Oberbegriff für Fremdwort und Lehnwort im engeren Sinn führt Bußmann den Begriff Lehnwort im weiteren Sinn auf (2002: 194). Bei der semantischen Entlehnung, auch Lehnprägung genannt, übernimmt die Empfängersprache „the concept but exploits its internal resources (phonological, morphological, syntactic, semantic) to express the borrowed concept" (Tamanji 2004: 75).

Zu den Formen von semantischer Entlehnung zählen Lehnbedeutung, Lehnbildung, Lehnformung, Lehnschöpfung, Lehnübersetzung und Lehnübertragung, wobei unter dem Begriff Lehnbildung die Begriffe Lehnübersetzung, Lehnübertragung und Lehnschöpfung erfasst sind (Bußmann 2002: 194).

Im Datenkorpus der Strafrechtstermini kommen semantische Entlehnungen nur in der Form von Lehnübersetzungen vor. Lexikalische Entlehnungen sind ebenso im Datenkorpus vorhanden und sind im folgenden Abschnitt erläutert.

3.2.6.1 Lehnwort

Nach der Definition von Bußmann sind Lehnwörter (i.e.S.) „solche Entlehnungen einer Sprache A aus einer Sprache B, die sich in Lautung, Schriftbild und Flexion vollständig an die Sprache A angeglichen haben" (2002: 398).

In Luganda gibt es eine Vielzahl von Lehnwörtern. Als Quellsprachen kommen u.a. Englisch, Latein, Arabisch, Swahili und Hindu in Betracht (Walusimbi 2002: 55). Der größte Teil der Entlehnungen stammt jedoch aus dem Englischen (ebd). Dies lässt sich auf den intensiven Kontakt zwischen Englisch und Luganda zurückführen. Im Gegensatz zu den anderen in Uganda beheimateten Sprachen war Luganda die erste Sprache, die in Berührung mit dem Englischen kam (vgl. Morris & Read 1966: 5). Viele der von der englischen Sprache eingeführten Konzepte existieren in Luganda nicht, weshalb die Entlehnung englischer Ausdrücke erforderlich wird (Walusimbi 2002: 63, 65, 66). In anderen Fällen ist das Entlehnen englischer Begriffe vom Bedürfnis motiviert, semantische Felder, die vorher nicht differenziert sind, zu unterscheiden (Mosha 1971: 294). Mit dem Begriff *omusawo* beispielsweise wird ein einheimischer Doktor bezeichnet, der sich mit Kräutern und Magie beschäftigt, wohingegen der aus der englischen Sprache entlehnte Begriff *dokita* einen Arzt bezeichnet, der in der modernen Medizin ausgebildet ist (Mosha 1971: 294). Ein weiterer Grund für das Entlehnen aus dem Englischen ist sein Prestige als internationale Sprache (Walusimbi 2002: 55).

Während in den Bereichen der Medizin, Bildung und des Geschäftswesens etc. besonders Englisch als Gebersprache herangezogen wird, entstammen die Entlehnungen im Bereich der christlichen Religion überwiegend aus dem Latein und dem Griechischen (Walusimbi 2002: 55). Die meisten Begriffe im Bereich der islamischen Religion hingegen sind über dem Swahili indirekt aus dem Arabischen entlehnt (Walusimbi 2002: 60).

Im Bereich des Rechtswesens sind vergleichsweise wenige englische Termini entlehnt. Dies liegt daran, dass bereits vor der Unabhängigkeit Ugandas Luganda für alle juristischen Angelegenheiten im Königreich der Baganda verwendet wurde und rechtstechnische Begriffe vielmehr mit den eigensprachlichen Mitteln gebildet wurden (Walusimbi 2002: 62). Im Datenkorpus ist daher auch nur eine geringe Anzahl englischer Lehnwörter vorhanden.

Die fremdsprachlichen Entlehnungen sind im Gegensatz zu den Fremdwörtern vollständig in das grammatische System der Empfängersprache integriert. Die Integration bedarf einer Anpassung an das morphologisch-phonologische System der Empfänger-sprache.

In Luganda werden Lehnwörter in der Regel nach der Aussprache der englischen Ter-mini geschrieben. Dabei werden die Phoneme, die im Phonemsystem des Luganda nicht existieren, assimiliert und durch bekannte Phoneme realisiert. Der alveolare Vibrant beispielsweise existiert im Phonemsystem des Luganda nicht.[99] Dieser wird durch den alveolaren lateralen Approximant *l* ersetzt.

Wie in anderen Bantusprachen sind in Luganda keine Konsonantenhäufungen zugelas-sen. Um diese zu verhindern, sind Vokale zwischen den Konsonanten eingefügt (z.B. *pulasita* „plaster" und *tulakita* „tractor"). Da in Luganda die Silbenstruktur generell offen ist, wird am Ende des Lehnwortes zusätzlich ein Vokal angefügt (z.B. *saati* „shirt", *faamu* „farm").

Im Folgenden sind drei Lehnwörter aus dem Datenkorpus der Strafrechtstermini darge-stellt. Alle Lehnwörter weisen eine offene Silbenstruktur auf. Des Weiteren ist der alveolare Vibrant in den englischen Rechtsbegriffen „remand" und „warrant" durch den alveolaren lateralen Approximanten *l* ersetzt.

[67] *limanda*   (Engl.: „remand")   „Untersuchungshaft" (D.N.: 114)

[68] *looya*   (Engl.: „lawyer")   „Anwalt"   (D.N.: 77)

[69] *waalanta*   (Engl.: „warrant")   „Haftbefehl"   (D.N.: 121)

Lehnwörter werden wie alle anderen Nomina in Luganda einer Nominalklasse zugeord-net. Die meisten Lehnwörter gehören der Klasse 9 an (Walusimbi 2002: 77). Den Lehnwörtern selbst wird kein Präfix angefügt, sondern die Verben, Adjektive, Genitiv-morpheme und andere Modifikatoren, die dem Lehnwort in Satzkonstruktionen folgen, bekommen ein zur Klasse 9 gehöriges Konkordanzmorphem. Der Strafrechtsterminus im folgenden Beispiel belegt dies.

[70] *waalanta*   *ya*   *okwaza*

Kl9:Befugnis Kl9:Gen Inf:durchsuchen   (D.N.: 121)

„Durchsuchungsbefehl"

---

[99] Der alveolare Vibrant stellt jedoch die lautliche Variante des alveolaren lateralen Approximanten *l* dar und tritt immer nach den Vokalen *i* und *e* auf (Walusimbi 2002: 74).

3.2.6.2 Fremdwort

Mit dem Terminus Fremdwort wird ein Ausdruck bezeichnet, der aus einer fremden Sprache übernommen wurde, jedoch im Gegensatz zum Lehnwort nach Lautung, Schriftbild und Flexion nicht in das Sprachsystem integriert ist (Bußmann 2002: 226). In der Linguistik wird auch vom nicht assimilieren Lehnwort gesprochen (Bußmann 2002: 194).

Unter den von mir verwendeten Quellen werden lediglich im Handbuch zur Menschenrechtsbildung Fremdwörter benutzt, die allesamt aus dem Englischen übernommen wurden. Die meisten dieser Fremdwörter sind allerdings in Klammern gesetzt und folgen den Übersetzungsäquivalenten in Luganda (zum Beispiel: *Etteeka ly'Enkwata y'Emisango gy'Ebibonerezo (Criminal Procedure Code Act), olukusa lw'okukwata omuntu (arrest warrant), kkooti eya mbagirawo (mob justice/violence), omuvunaanwa omuto (juvenile offender), obukambwe mu mukwano (sexual violence)* etc.). Besonders auffällig ist, dass einige dieser Fremdwörter an anderer Stelle im Text nochmals auftauchen, jedoch ohne Klammern.

Als Fremdwörter bekommen sie kein Nominalklassenpräfix. Die nachgehenden Verben, Adjektiven und anderen Modifikatoren erhalten jedoch ein Konkordanzpräfix, das entweder mit dem Nominalpräfix der Klasse 7 oder mit dem der Klasse 9 übereinstimmt. Im Folgenden ist dies anhand zweier Strafrechtstermini aus dem Datenkorpus dargestellt.

[71] *Arrest warrant   erina [...]*
Haftbefehl   Kl9:haben   (FHRI: 65)

[72] *Charge   kisobola   okunnyonnyolwa [...]*
Anklage Kl7:können Inf:erklären:Pass   (FHRI: 71)

Gerade in der Rechtssprache ist es bei Gesetzen, Verordnungen und Ähnlichem allgemein üblich Abkürzungen zu schreiben. Im Handbuch lassen sich solche Abkürzungen finden. Da in Luganda grundsätzlich keine eigenen Begriffe abgekürzt werden, sind Abkürzungen wie CPCA (Criminal Procedure Code Act), ICCPR (International Covenant on Civil and Political Rights), SMR (Standard Minimum Rules) etc., grundsätzlich alle aus dem Englischen übernommen. Die Abkürzungen stehen wie die in den obigen Beispielen analysierten Fremdwörter ohne Klammern im Text.

Da für alle Fremdwörter entsprechende strafrechtsspezifische Ausdrücke bereits in Luganda zur Verfügung stehen, stellt sich hier die Frage, weshalb die englischen Begriffe dennoch übernommen und im Text nach den Luganda-Termini in Klammern gesetzt sind. Mit einher geht auch die Frage, weshalb nur bei einigen strafrechtsspezifischen Termini in Luganda die englischen Übersetzungsäquivalente in Klammern wiederholt werden.[100] Im Handbuch selbst steht diesbezüglich nichts geschrieben. Zunächst lässt sich aber feststellen, dass alle im Handbuch erwähnten Gesetze und Verordnungen sowohl in Luganda als auch in Englisch stehen. Dies lässt sich damit erklären, dass seit der Unabhängigkeit Ugandas alle vom Parlament verabschiedeten Gesetze auf Englisch verfasst und Bezeichnungen für Gesetze in Luganda seitdem eher weniger verwendet werden (vgl. Nsereko 1993: i). Bei anderen Strafrechtstermini lässt sich nur vermuten, weshalb diese sowohl in Luganda als auch in Englisch geschrieben wurden.

3.2.6.3 Lehnübersetzung

Die Lehnübersetzung stellt eine Form der semantischen Entlehnung dar, bei der alle Bestandteile eines fremdsprachlichen Ausdrucks wortwörtlich in die eigene Sprache übersetzt werden (Bußmann 2002: 398). Lehnübersetzungen sind als Fremdwörter oftmals nicht mehr erkennbar und nehmen in Fachsprachen einen wichtigen Platz ein, wenn fachsprachliche Konzepte aus fremden Sprachen entlehnt und bezeichnet werden müssen (Lehmann 1969: 191). Dabei entstammen die fremdsprachlichen Konzepte in Luganda überwiegend aus dem Englischen (Walusimbi 2002: 81).

Die Bestandteile eines fremdsprachlichen Ausdrucks können mit verschiedenen Mitteln der eigensprachlichen Terminologiebildung wortwörtlich in die eigene Sprache übertragen werden. So lassen sich unter den Derivationen, Komposita und semantischen Erweiterungen im Datenkorpus der Strafrechtstermini wortwörtliche Übertragungen englischer strafrechtlicher Konzepte finden.

In Beispiel [73] ist eine der im Datenkorpus vorkommenden Lehnübersetzungen dargestellt. Der englische Rechtsbegriff *breaking and entering* „Durchsuchungsbefehl" ist mit dem Infinitiv der Verben -*menya* „einbrechen" und -*yingira* „betreten" übertragen.

---

[100] Der mehrmalige Versuch Email-Kontakt zur Menschenorganisation FHRI aufzunehmen und Antworten auf jene Fragen zu bekommen, ist erfolglos verlaufen.

[73] *okumenya* *ne* *okuyingira*

Inf:(ein)brechen und Inf:betreten

(Engl.: „breaking and entering")

„Einbruchsdiebstahl" (D.N.: 12)

Der in Beispiel [74] wortwörtlich übersetzte Strafrechtsterminus *matricide* „Mutter-mord" ist lateinischen Ursprungs und stellt eine Zusammensetzung aus dem Nomen *mater*[101] „Mutter" und dem Suffix *-cide*[102] „Tötung". Die Bestandteile der Konstituente sind mit zwei Lexemen wiedergegeben. Der Suffix *-cide* ist mit dem Infinitiv des Verbs *-tta* „morden" übertragen und *mater* ist mit dem Nomen *nnyina* „Mutter" übersetzt.

[74] *okutta* *nnyina*

Inf:morden Kl1:Mutter

(Engl.: *matricide*)

„Muttermord" (D.N.: 84)

Interessant ist die wortwörtliche Übersetzung englischer Strafrechtstermini, die aus einem Nomen und einem attributiven Adjektiv bestehen. Das Nomen des englischen Strafrechtsbegriffs ist mit einem Nomen, welches oftmals im Wege der Derivation gebildet ist, wiedergegeben, während das attributive Adjektiv mit einer Relativkonstruktion realisiert ist.

In Beispiel [75] ist eine der interessanten Übersetzungen dieser englischen Strafrechtstermini repräsentiert. Das Nomen des englischen Rechtsbegriffs *imminent danger* „Gefahr im Verzug" ist mit dem Deadjektivum *akabi* „Gefahr" übertragen. Die Relativkonstruktion *akabindabinda* „(Gefahr), die drohend ist" stellt die Wiedergabe des attributiven Adjektivs *imminent* „drohend" dar.

[75] *a-ka-bi* *aka-bindabinda*

Aug-Kl12-gefährlich Kl12:Rel-drohend sein

(Engl.: *imminent danger*)

„Gefahr im Verzug" (D.N.: 63)

---

[101] Bei der Zusammensetzung mit einem anderen Nomen wird statt der Form *mater* die Form *matri-* verwendet.

[102] Der englische Suffix *-cide* ist vom lateinischen Verb *caedere* „schneiden, niederschlagen" abgeleitet. In Verbindung mit einem Nomen hat *-cide* die Bedeutung „Tötung" (z.b. *fratricide* „Tötung des Bruders").

Der in Beispiel [76] vorliegende Strafrechtsterminus *ebigambo ebivuma* besteht ebenfalls aus einem Nomen und einer Relativkonstruktion. Dieser repräsentiert die wortwörtliche Übersetzung des englischen Rechtsbegriffs *abusive language*, der wie der Rechtsbegriff im obigen Beispiel aus einem Nomen und einem attributiven Adjektiv besteht. Das Nomen des englischen Strafrechtsbegriffs ist in diesem Beispiel mit einem vom Verb abgeleitetem Nomen wiedergegeben.

[76] *e-bi-gamb-o* *ebi-vuma*

Aug-Kl8-sagen-DerSuf Kl8:Rel-beschimpfen

(Engl.: *abusive language*)

„Schimpfworte" (D.N.: 2)

Englische Strafrechtsbegriffe, die sowohl Komposita als auch nominale Possessivkonstruktionen darstellen, sind mittels einer nominalen Possessivkonstruktion in Luganda wiedergegeben.

In Beispiel [77] liegt eine solche nominale Possessivkonstruktion vor. Der Kopf des Kompositums *search warrant* „Durchsuchungsbefehl"[103] ist mit dem Nomen *olukusa* „Befugnis" übersetzt und repräsentiert das Possessum der nominalen Possessivkonstruktion. Die Genitivpartikel, die mit der Klasse des Possessums übereinstimmt, folgt dem Possessum. Mit dem Possessor *okwaza* ist die erste Konstituente des Kompositums übersetzt.

[77] *o-lu-kusa* *lwa* *okwaza*

Aug-Kl11-Befugnis Kl11:Gen Inf:durchsuchen

(Engl.: *search warrant*)

„Durchsuchungsbefehl" (FHRI: 63)

Der in Beispiel [78] dargestellte Strafrechtsbegriff ist die exakt wortwörtliche Wiedergabe des englischen Rechtsegriffs *prisoner of war*. Das Possessum *prisoner* „Gefangener" ist mit dem Deverbativum *omusibe* wiedergegeben. Die englische Genitivpartikel

---

[103] Der englische Strafrechtsbegriff *search warrant* „Durchsuchungsbefehl" ist im Rechtswörterbuch mit dem Terminus *waalanta y'okwaza* wiedergegeben. Dieser ist ebenso eine Lehnübersetzung. Im Gegensatz zu der in Beispiel [5] vorliegenden Übersetzung ist der Kopf des Kompositums hier mit einem Lehnwort wiedergegeben. Da Lehnwörter der Klasse 9 angehören, stammt das Konkordanzmorphem der dem Lehnwort folgende Genitivpartikel aus dieser Klasse.

ist mit einem Genitivmorphem übersetzt, welches mit der Klasse des Nomens *omusibe* übereinstimmt. Der Begriff *olutalo* „Krieg" ist die wörtliche Übertragung des englischen Begriffs *war* „Krieg" und stellt den Possessor der Konstruktion dar.

[78] *o-mu-sib-e* *wa* *o-lu-talo*

    Aug-Kl1-einsperren-DerSuf Kl1:Gen Aug-Kl11-Krieg

    „Kriegsgefangener" (D.N.: 105)

Im Datenkorpus sind auch eine Reihe strafrechtlicher Verben vorhanden, die aber im Gegensatz zu nominalen Termini mit einem Einzellexem wiedergegeben sind.

[79] *-jinga* „fälschen" (D.N.: 53)

[80] *-tta* „morden" (FHRI: 97)

[81] *-tamba* „hinrichten" (D.N.: 46)

3.2.7 Zusammenfassung

Zusammenfassend ist festzuhalten, dass zur Bildung der Strafrechtsterminologie des Luganda sowohl eigensprachliche Wortbildungsverfahren als auch Entlehnungen verwendet werden. Am häufigsten treten Derivationsbildungen unter den eigensprachlichen Bildungen auf,[104] wobei als Ableitungsbasis nicht nur Verben, sondern zu einem geringen Teil auch Nomina und Adjektive herangezogen werden. Daneben gibt es eine Reihe von Strafrechtstermini, die Paraphrasen und semantische Erweiterungen demonstrieren, wobei Umschreibungen am häufigsten genutzt werden. Nur wenige Strafrechtstermini stellen hingegen Kompositionen und Reduplikationen dar. Weitere Strafrechtstermini stellen Entlehnungen dar, wobei die Wiedergabe englischer Strafrechtstermini durch Lehnübersetzungen überwiegt. Im Gegensatz zu anderen Bereichen wie beispielsweise der Religion und der Medizin, ist im Strafrechtswesen nur eine geringe Anzahl lexikalischer Entlehnungen vorzufinden.

3.3 Synonyme

Bei der Analyse der im Datenkorpus aufgeführten Strafrechtstermini ist festzustellen, dass eine Reihe von Termini, die sich formal unterscheiden, den gleichen strafrechtlichen Sachverhalt oder dieselbe strafrechtliche Tätigkeit bezeichnet. In der Linguistik

---

[104] Im Datenkorpus gibt es 159 Strafrechtstermini, die im Wege der Derivation gebildet wurden. Weitere 97 Termini stellen Paraphrasen dar und 84 Termini sind Lehnübersetzungen. Der restliche Anteil der Strafrechtstermini (insgesamt 59 Termini) setzt sich zusammen aus 30 semantischen Erweiterungen, 10 Lehnwörter, 7 Fremdwörter, 6 Kompositionen und 3 Reduplikationen.

werden Lexeme, die eine gleiche oder ähnliche Bedeutung aufweisen, als Synonyme definiert. Obgleich Synonyme in Fachsprachen aus Gründen der sachlichen Präzision und Eindeutigkeit unerwünscht sind, werden sie bewusst eingesetzt (Fraas 1998: 432). Sie bereichern nicht nur den Fachwortschatz, sondern sorgen auch für Abwechslung. Folglich sind in den Fachsprachen häufig mehrere Synonyme anzutreffen, die gleichberechtigt nebeneinander existieren (vgl. Fraas 1998: 431). So besteht beispielsweise neben einer muttersprachlichen auch eine entlehnte Benennung und neben einer gemeinsprachlichen auch eine fachsprachliche (ebd.).

Bei den Synonymen der Strafrechtsterminologie des Luganda, die zur besseren Veranschaulichung in einer gesonderten Tabelle aufgelistet sind, existiert neben einer muttersprachlichen Bezeichnung lediglich nur in drei Fällen eine aus der englischen Sprache entlehnte Bezeichnung. Zum größten Teil sind die Synonyme mit den in der eigenen Sprache vorhandenen Mitteln gebildet. Unter den in der Tabelle aufgeführten Synonymen befinden sich neben einer Reihe von Nomina, auch Verben und Adjektive, von denen einige im Folgenden näher erläutert werden.

Der Terminus für „Durchsuchungsbefehl" ist mit insgesamt fünf Bezeichnungen im Datenkorpus belegt. Neben dem Fremdwort *search warrant* finden sich im Handbuch zur Menschenrechtsbildung auch die Bildungen *olukusa lw'okwaza* und *olukusa olukkiriza okwaza* (s. Beispiele [82] und [83]). Während der Terminus *olukusa lw'okwaza* in Beispiel [82] eine wörtliche Wiedergabe des englischen Strafrechtsterminus *search warrant* darstellt, ist der in Beispiel [83] dargestellte Terminus *olukusa olukkiriza okwaza* eine Umschreibung des englischen Terminus.

[82] *o-lu-kusa   lwa   okwaza*
Aug-Kl11-Befugnis Kl11:Gen Inf:durchsuchen   (FHRI: 63)

[83] *o-lu-kusa   olu-kkiriza   okwaza*
Aug-Kl11-Befugnis Kl11:Rel-genehmigen Inf:durchsuchen (FHRI: 63)

Im Rechtswörterbuch liegen für „Durchsuchungsbefehl" zwei Lehnübersetzungen vor (s. Beispiele [84] und [85]), die im Gegensatz zu *olukusa lw'okwaza* nicht nur aus eigensprachlichen Lexemen bestehen. Die zweite Konstituente des englischen Terminus *search warrant* ist in den beiden Lehnübersetzungen mit dem englischen Lehnwort *waalanta* übersetzt, während die andere Konstituente *search* mit den Verben *-yaza* und -

fuuza wiedergegeben ist. Meinem Informanten zufolge ist der Strafrechtsterminus *waalanta y'okwaza* gebräuchlicher.

[84] *waalanta   ya   okwaza*
Kl9:Befugnis Kl9:Gen Inf:durchsuchen   (D.N.: 121)

[85] *waalanta   ya   okufuuza*
Kl9:Befugnis Kl9:Gen Inf:durchsuchen   (D.N.:141)

Interessant ist, dass der Strafrechtsbegriff „Durchsuchungsbefehl" im Handbuch zur Menschenrechtsbildung mit keinem Lehnwort umgesetzt ist. Es lässt sich hier eine mögliche Tendenz zur Vermeidung von Lehnwörtern erkennen. Darüber, weshalb dennoch ein Fremdwort in der jüngsten Quelle verwendet wird, lässt sich nur vermuten.[105]

Die Strafrechtstermini für „Verschulden" sind mit insgesamt drei eigensprachlichen Bezeichnungen belegt (s. Beispiele [86], [87] und [88]). Alle Bezeichnungen stellen nominale Ableitungen von verbaler Basis dar. Sie unterscheiden sich nicht nur hinsichtlich der Nominalklassenpräfixe, sondern auch hinsichtlich ihrer Ableitungssuffixe. Während der in Beispiel [86] vorliegende Strafrechtsterminus *ensobi* vom Verb *-soba* „Unrecht haben" abgeleitet ist, ist die Ableitung der in den Beispielen [87] und [88] dargestellten Termini von der Kausativform des Verbs *-soba* erfolgt.

[86] *e-n-sob-i*
Aug-Kl9-Unrecht haben-DerSuf   (D.N.: 50)

[87] *e-ki-sob-y-o*
Aug-Kl7-Unrecht haben-Kaus-DerSuf   (D.N.: 50; FHRI: 90)

[88] *o-bu-sob-y-a*
Aug-Kl14-Unrecht haben-Kaus-DerSuf (D.N.: 50; FHRI: 76)

---

[105] Der mehrmalige Versuch Kontakt mit der Menschenrechtsorganisation FHRI aufzunehmen und Antworten auf diese und andere Fragen zu bekommen, verlief erfolglos.

Meinem Informanten zufolge weisen alle Termini jedoch die gleiche Bedeutung auf und können im selben Kontext verwendet werden.

Im Datenkorpus bezeichnen insgesamt drei Termini den strafrechtlichen Tatbestand der Verführung. Während die Strafrechtstermini in den Beispielen [89] und [90] Umschreibungen des englischen Rechtsbegriffs *seduction*[106] darstellen, ist der in Beispiel [91] repräsentierte Terminus *obusiguze* ein vom Verb *-sigula* „verführen" abgeleitetes Lexem. Die Termini erfassen unterschiedliche Aspekte des Begriffs „Verführung". Meinem Informanten zufolge erfasst der im Rechtswörterbuch aufgeführte Terminus *obusiguze* im Gegensatz zu den anderen Termini alle Aspekte des Tatbestandes der Verführung. Außerdem hat sich der Terminus *obusiguze* als Alleinvertreter durchgesetzt.

[89] *okusigula*   *o-mu-wala*

Inf:verführen   Aug-Kl1-Mädchen   (E.H.: 191)

[90] *okukola*   *o-mu-wala*   *o-mu-to*   *o-lu-buto*

Inf:machen Aug-Kl1-Mädchen Aug-Kl1-jung Aug-Kl11-Bauch (E.H.: 191)

[91] *o-bu-sigul-e*

Aug-Kl14-verführen-DerSuf   (D.N.: 121)

In der Tabelle der Synonyme sind weitere Strafrechtstermini aufgelistet, die eine gleiche oder ähnliche Bedeutung aufweisen. Nicht selten liegt der Fall vor, dass mehrere Termini den gleichen Sachverhalt bezeichnen, jedoch unterschiedliche Aspekte erfassen.[107]

3.4 Entwicklung der Strafrechtsterminologie

Fachsprachen verändern sich wie Alltagssprachen prinzipiell laufend. Die rasante Entwicklung neuer Technologien führt zur Schöpfung neuer Benennungen, die den Wortschatz des Fachvokabulars bereichern. So sind beispielsweise Termini, die vor Jahren verwendet wurden, durch andere Fachwörter ersetzt worden oder sie haben etwa eine andere und zusätzliche Bedeutung erhalten.

---

[106] Die Umschreibungen des englischen Strafrechtsterminus *seduction* sind in Beispiel [59] und [60] erläutert.
[107] Siehe hierzu die Analyse der synonymen Strafrechtsbegriffe, die den Begriff „Verführung" bezeichnen.

Im Hinblick auf die Strafrechtsterminologie des Luganda ist eine derartige Entwicklung ebenfalls zu erkennen, die im Folgenden näher beleuchtet wird. Zur Veranschaulichung der Entwicklung der Strafrechtsterminologie des Luganda liegt im Anhang der vorliegenden Studie Tabelle III vor.[108]

Bei der Zusammenstellung des Datenkorpus ist bereits festzustellen, dass einige Strafrechtstermini in allen Quellen vorkommen. Dies bedeutet, dass jene Strafrechtstermini sich seit der Mitte des 20. Jahrhunderts, das heißt vor der Unabhängigkeit Ugandas, in den Fachwortschatz des Strafrechts integriert haben. Hierzu zählen etwa unter anderem die Strafrechtsbegriffe *omusango gw´ekibonerezo* „Verbrechen", *amateeka g´ebibonerezo* „Strafrecht" und *ekisobyo* „Vergehen".

Daneben gibt es eine Anzahl von Strafrechtstermini, die nur jeweils in zwei der herangezogenen Quellen (Wortliste und Rechtswörterbuch oder Handbuch und Rechtswörterbuch) auftreten. Eine weitaus größere Anzahl an Strafrechtstermini kommt hingegen nur im Rechtswörterbuch vor. In allen Fällen wurden die Strafrechtstermini sowohl in einem älteren Wörterbuch, das im Jahr 1952, d.h. vor dem Erscheinen der Wortliste, publiziert wurde, als auch in einem jüngeren Wörterbuch aus dem Jahr 2009 nochmals nachgeschlagen. Auf diese Weise lassen sich bei einer Reihe dieser Strafrechtstermini eindeutigere Aussagen hinsichtlich der Entwicklung machen. Ferner lässt sich ebenso herausfinden, welche Strafrechtstermini der Rechtswissenschaftler selbst gebildet hat.[109]

Diesbezüglich lassen sich folgende Aussagen treffen: Strafrechtstermini, die nicht nur im Rechtswörterbuch, sondern auch im älteren Wörterbuch auftauchen, sind Bildungen, die der Rechtswissenschaftler im Fachwortschatz des Strafrechts vorgefunden hat und stellen demnach keine von ihm geschaffenen Begriffe dar. Diese Aussage trifft auch auf Strafrechtstermini zu, die zusätzlich in der Wortliste oder im Handbuch zur Menschenrechtsbildung vorkommen. Darüberhinaus lässt sich sagen, dass Strafrechtstermini, die auch im jüngeren Wörterbuch vorkommen, sich in den Fachwortschatz des Strafrechts integriert haben. Dazu gehören unter anderem die Strafrechtstermini *omutemu* „Mörder", *ekibonerezo* „Strafe', *enguzi* „Bestechungsgeld" und *obwenzi* „Ehebruch".

---

[108] Die Erklärung zur Tabelle III liegt in Abschnitt 1.3.2. vor.
[109] Der Rechtswissenschaftler Daniel Nsereko hat in Fällen, in denen er keinen passenden Ausdruck für den englischen Rechtsbegriff vorfand, auf die Wortbildungsverfahren zurückgegriffen und einen neuen Begriff gebildet.

Eine Reihe von Strafrechtstermini (z.B.: *ekisago* „Körperverletzung", *okumanya* „wissentlich begangene Handlung" und *okusosola* „Diskriminierung"), die nur im Rechtswörterbuch aufgelistet sind, kommt jedoch in den Wörterbüchern nicht vor. In diesen Fällen ist keine klare Aussage möglich. Darüber, ob die Termini eigene Innovationen des Rechtswissenschaftlers demonstrieren oder ob sie im Wortschatz schon vorhanden waren, jedoch in den anderen Quellen nicht aufgeführt wurden, lässt sich nur vermuten.

Einige im Datenkorpus aufgelisteten Strafrechtstermini sind in den Wörterbüchern zu finden, jedoch mit einer anderen Bedeutung, die jedoch nicht immer rechtsspezifischer Natur ist.[110] Im Folgenden sind einige der Begriffe dargelegt, die eine strafrechtsspezifische Bedeutung aufweisen: Für die Bezeichnung „Korruption" führt der Rechtswissenschaftler die Paraphrase *obutaba mwesigwa ku mulimu*[111] auf. In beiden Wörterbüchern findet sich für „Korruption" der Terminus *obuvundu*. Der Begriff „Inzest" ist sowohl in der Wortliste als auch im Rechtswörterbuch mit Umschreibungen wiedergegeben. Interessant ist, dass im älteren Wörterbuch der Terminus *obwenzi* aufgeführt wird, der hier nicht nur den Begriff „Inzest", sondern auch den Begriff „Prostitution" erfasst. Meinem Informanten zufolge wird der Strafrechtsterminus *obwenzi* jedoch sowohl für den Begriff „Prostitution" als auch für den Begriff „Ehebruch" verwendet und deutete an, dass der Terminus *obwenzi* den Begriff „Inzest" mittlerweile nicht einbezieht. Stattdessen wird für „Inzest" die Umschreibung *amawemikirano okwagala gwoyinka oluganda*[112] verwendet. Der strafrechtsspezifische Ausdruck „üble Nachrede" ist im Rechtswörterbuch mit einer Paraphrase wiedergegeben. In der Wortliste und in den Wörterbüchern findet sich für diesen Begriff der Terminus *kalebule*. Zu erwähnen ist noch der Rechtsbegriff „richterliche Anordnung", der im Rechtswörterbuch mit dem englischen Lehnwort *waalanta* und im Handbuch zur Menschenrechtsbildung mit dem Terminus *olukusa* übersetzt ist. Im neuesten Wörterbuch ist der Begriff jedoch mit der Paraphrase *olupapula oluva ew'omulamuzi oluwa ppoliisi obuyinza okukwata omuntu oba okwaza ekifo*[113] übertragen.

Es wird deutlich, dass bei einer Reihe von Strafrechtstermini eine Aussage hinsichtlich der Entwicklung nicht möglich ist. Hier sind weitere Rechtsbücher aus unterschiedlichen Publikationsjahren hinzuziehen, um herauszufinden, ob insbesondere die im

---

[110] Diese Begriffe sind in der Tabelle durch das Setzen von Klammern gekennzeichnet.
[111] Wörtliche Übersetzung der Paraphrase ist „auf der Arbeit nicht vertrauenswürdig sein".
[112] Die Umschreibung *amawemikirano okwagala gwoyinka oluganda* bedeutet übersetzt „Geschlechtsverkehr zwischen verwandten Personen".
[113] „Anordnung eines Richters, die die Polizei dazu ermächtigt eine Person zu verhaften oder eine Durchsuchung vorzunehmen" (Übersetzung der Verfasserin).

Rechtswörterbuch aufgeführten Strafrechtstermini bereits vor der Unabhängigkeit Ugandas dem Wortschatz angehörten oder eigensprachliche Innovationen des Autors darstellen.

4 Zusammenfassung der Ergebnisse und Ausblick

In der vorliegenden Studie wurden folgende Ergebnisse herausgefunden: Die Strafrechtsterminologie des Luganda ist vorwiegend durch das Wortbildungsverfahren der Derivation entstanden. Eine weitere große Anzahl strafrechtsspezifischer Termini in Luganda, die mit eigensprachlichen Mitteln gebildet werden, stellen die Umschreibungen englischer Strafrechtsbegriffe dar.

Der Einfluss der englischen Sprache ist lediglich hinsichtlich der Entlehnung englischer strafrechtlicher Konzepte zu verzeichnen. Lexikalische Entlehnungen englischer Begriffe hingegen kommen im Gegensatz zu anderen Bereichen wie dem Geschäftswesen im Strafrechtswesen kaum vor.

In der Strafrechtsterminologie des Luganda sind Synonyme keine Seltenheit. Mehrere Strafrechtstermini im Datenkorpus weisen eine gleiche oder ähnliche strafrechtsspezifische Bedeutung auf, wobei die Begriffe mit unterschiedlichen Strategien der Terminologiebildung gebildet werden.

Im Hinblick auf die Entwicklung der Strafrechtstermini lässt sich zusammenfassend sagen, dass es eine Anzahl von Strafrechtstermini gibt, die seit Anfang des 20. Jahrhunderts verwendet werden und sich demzufolge in den Wortschatz des Strafrechts integriert haben. Bei anderen Strafrechtstermini ist jedoch eine eindeutigere Aussage nicht möglich und erfordert in dieser Hinsicht weitere Forschungen.

Ein weiterer zukünftiger Forschungsansatz wäre die Untersuchung der Strafrechtsterminologie einer anderen afrikanischen Sprache, wie zum Beispiel dem Swahili in Tansania, und dem anschließenden Vergleich mit der Strafrechtsterminologie des Luganda. Es wäre hierbei interessant zu erfahren, mit welchen Wortbildungsmethoden die Strafrechtstermini im Swahili gebildet werden und inwieweit sich diese von denen des Luganda gleichen bzw. unterscheiden.

Anhang

Tabelle I: Strafrechtstermini

Luganda	Englisch	Deutsch	Quelle	Wortbildungsstrategie
-a futtwa	malicious	böswillig	D.N.: 82	Derivation
-a ggiri	malicious	böswillig	D.N.: 82	Derivation
-a kiramuzi	judicial	richterlich	D.N.: 74	Derivation
-a kyeteeso	deliberate	vorsätzlich	D.N.: 30	Derivation
-a ttima	malicious	böswillig	D.N.: 82	Derivation
abawawabirwa banne bwe betaba	accomplices	Mittäter	E.H.: 186	Paraphrase
akabi akabindabinda	imminent danger	Gefahr im Verzug	D.N.: 63	Lehnübersetzung (Deriv.)
akasango akatono	petty offense	Bagatelldelikt	D.N.: 100	semantische Erweiterung
akasanvu	forced labour	Zwangsarbeit	D.N.: 53	semantische Erweiterung
akawome	prison	Gefängnis	D.N.: 56	Derivation
amaanyi	violence	Gewalt	FHRI: 65	Derivation
amagendo	black market	Schwarzmarkt	D.N.: 11	Derivation
amateeka g'ebibonerezo	criminal law	Strafrecht	D.N.: 27;E.H.: 188;FHRI: 78	Lehnübersetzung
-bindabinda	imminent	drohend	D.N.: 63	Lehnübersetzung
-bonereza	punish	bestrafen	D.N.: 108; FHRI: 64	Derivation
-bugira	confine	einsperren	D.N.: 23	Derivation
-buuliriza	interrogate	verhören	D.N.: 72	Derivation
charge	charge	Anklage	FHRI: 71	Fremdwort
CID	CID (Criminal Investigation Department)	Kriminalpolizei	FHRI: 62	Fremdwort
CPCA	CPCA (Criminal Procedure Code Act)	Strafprozessordnung	FHRI: 64	Fremdwort
domestic violence	domestic violence	häusliche Gewalt	FHRI: 95	Fremdwort
ebigambo ebivuma	abusive language	Schimpfworte	D.N.: 2	Lehnübersetzung (Deriv.)
ebigambo oba ebikolwa ebijee-mesa abantu	sedition	Volksverhetzung	D.N.: 121	Paraphrase
ebintu ebibbirire	contraband	Schmuggelware	D.N.: 25	Lehnübersetzung (Deriv.)
eggozi	damages	Schadensersatz	D.N.: 28	Derivation

76

eggwolezo	court	Gericht	D.N.: 27	Derivation
ekibonerezo	punishment	Strafe	D.N.: 108;FHRI: 80	Derivation
ekibonerezo ekisusse obukambwe era ekitali kya buntu	cruel and inhuman punishment	grausame und unmenschliche Bestrafung	D.N.: 27	Paraphrase (Deriv.)
ekibonerezo ky´okukubwa kiboo-ko	corporal punishment	körperliche Züchtigung	D.N.: 26	Paraphrase (Deriv.)
ekibonerezo ky´okuttibwa	capital punishment	Todesstrafe	D.N.: 14	Lehnübersetzung (Deriv.)
ekikolwa ekibi	crime	Verbrechen	E.H.: 188; FHRI: 78	Paraphrase (Deriv.)
ekikwangala	counterfeit	Fälschung	D.N.: 27	Derivation
ekinyiigululo	remedy	Rechtsmittel	D.N.: 114	Derivation
ekiragiro kya kkooti ekisindika omuwawaabira kkomera	committal warrant	Inhaftierungsbefehl	D.N.: 20	Paraphrase
-esittaza	scandalize	Anstoß erregen	D.N.: 120	Derivation
-esittaza	scandalous	skandalös	D.N.: 120	Derivation
ekisagguzo	sanction	Strafmaßnahme	D.N.: 120	Derivation
ekisago	bodily harm	Körperverletzung	D.N.: 12	Derivation
ekisobyo	delict	Vergehen	D.N.: 30; E.H.: 188; FHRI: 87	Derivation
ekisonyiwo	pardon	Straferlass	D.N.: 97	Derivation
ekitongole ekibuuliriza mu buzzi bw´emisango	CID	Kriminalpolizei	D.N.: 27	Paraphrase
ekitongole ekiramuzi	judiciary	Rechtswesen	D.N.: 74	Lehnübersetzung (Deriv.)
ekitongole kya bambega	CID	Kriminalpolizei	D.N.: 27	Paraphrase
ekitongole kya poliisi ekinoonye-reza ku misango	CID	Kriminalpolizei	FHRI: 62	Paraphrase
ekiwero	prohibition	Verbot	D.N.: 106; FHRI: 79	Derivation
ekkolokooni	prison	Gefängnis	D.N.: 56	Lehnwort (SWA)
ekkomera	prison	Gefängnis	FHRI: 70;D.N.:105	Derivation
ekkooti	court	Gericht	D.N.: 27; FHRI: 63	Lehnwort (ENG)
ekkooti ejulirwamu	court of appeal	Berufungsgericht	D.N.: 27; FHRI: 100	Lehnübersetzung mit Lehn-wort
ekkooti erina obuyinza obuwozesa omusango	competent court	Vollstreckungsgericht	D.N.: 21; FHRI: 186	Paraphrase mit Lehnwort
ekkooti eya mbagirawo	mob justice	Mobgewalt	FHRI: 66	Paraphrase mit Lehnwort
ekyemulugunyo	complaint	Klage	D.N.: 21	Derivation

Luganda	English	German	Reference	Method
ekyesittazo	scandal	Skandal	D.N.: 120	Derivation
embuga ya mateeka	court	Gericht	D.N.: 27	Paraphrase
embuzeekogga	prison	Gefängnis	D.N.: 56	Komposition
empozesa ensobu	mistrial	fehlerhaft geführter Prozess	D.N.: 87	Lehnübersetzung (Deriv.)
-emulugunya	complain	beklagen	D.N.: 21	semantische Erweiterung
engalo	theft	Diebstahl	FHRI: 66	semantische Erweiterung
engassi	damages	Schadensersatz	E.H.: 188; D.N.: 28	semantische Erweiterung
engassi	fine	Geldstrafe	FHRI: 90	semantische Erweiterung
enguzi	bribe	Bestechung	FHRI: 66; D.N.: 12	Derivation
enjole	corpse	Leichnam	D.N.: 26	semantische Erweiterung
enkola egobererwa mu misango egy'ebibonerezo	criminal procedure	Strafverfahren	E.H.: 188	Paraphrase
enkola n'emitendera mu misango gy'ebibonerezo	criminal procedure	Strafverfahren	D.N.: 27	Paraphrase
enkomyo	prison	Gefängnis	FHRI: 91	Derivation
enkulabudde	caveat	Einspruch	D.N.: 15	Komposition?
ennamula	judgement	Gerichtsurteil	D.N.: 74	Derivation
enneetaasa	defence	Klageantwort	D.N.: 30	Derivation
ensala	judgement	Gerichtsurteil	D.N.: 74; FHRI: 77	Derivation
ensobi	fault	Verschulden	D.N.: 50	Derivation
ensonga ezikendeeza ku bubi bw'omusango	mitigating circumstances	mildernde Umstände	D.N.: 87	Paraphrase
ensonga ezisaasizisa	mitigating circumstances	mildernde Umstände	D.N.: 87	Lehnübersetzung (Deriv.)
entanyi	felony	Kapitalverbrechen	D.N.: 50	Derivation
envuba	pillory	Pranger	D.N.: 100	semantische Erweiterung
envunaanagano	counter-claim	Gegenklage	D.N.: 26	Derivation
envunaano	accusation	Anklage	D.N.: 2; FHRI: 65	Derivation
-etaba	abet	anstiften	D.N.: 1	semantische Erweiterung
etteeka ly'emisango gy'ebibonerezo	penal code	Strafgesetzbuch	D.N.: 99	Paraphrase
etteeka ly'enkola n'emitendera mu misango gy'ebibonerezo	criminal procedure code act	Strafprozessordnung	D.N.: 19	Lehnübersetzung
etteeka ly'enkwata y'emisango gy'ebibonerezo	criminal procedure code act	Strafprozessordnung	FHRI: 64	Lehnübersetzung
etteeka ly'enneeyisa	code of conduct	Verhaltenskodex	D.N.: 19	Lehnübersetzung (Deriv.)

Luganda	English	German	Quelle	Typ
-ewozaako	defend	sich verteidigen	D.N.: 30	Derivation
-fukuutirira	instigate	anstiften	D.N.: 70	Derivation
-fuuza	search	durchsuchen	D.N.:121;FHRI: 62	semantische Erweiterung
-gayaala	negligent	fahrlässig	D.N.: 90	Lehnübersetzung
-gayaalirira	neglect	vernachlässigen	D.N.: 90	Derivation
-genderere	deliberate	vorsätzlich	D.N.: 30	Derivation
-ggalira mu kkomera	imprison	verhaften	D.N.: 64; FHRI: 66	Paraphrase
-goba mu nsi	deport	abschieben	D.N.: 32	Paraphrase
-gobya	cheat	betrügen	D.N.: 17	Derivation
-gugumbula	castigate	bestrafen	D.N.: 14	Lehnübersetzung
-gulirira	bribe	bestechen	D.N.: 12	Derivation
indecent assault	indecent assault	Sexualverbrechen	FHRI: 100	Fremdwort
-jenjebula	abuse	missbrauchen	D.N.: 2	semantische Erweiterung
-jinga	forge	fälschen	D.N.: 53	Lehnübersetzung
-jingajinga	forge	fälschen	D.N.: 53	Reduplikation
-jingirira	forge	fälschen	D.N.: 53	Derivation
-julira	witness	bezeugen	D.N.: 142; FHRI: 62	Derivation
juvenile offender	juvenile offender	jugendl. Straftäter	FHRI: 71	Fremdwort
kalebule	defamation	üble Nachrede	D.N.: 30; E.H.: 188	Derivation
kalebule ow'akamwa	slander	üble Nachrede	D.N.: 124	Paraphrase
-kana	extort	erpressen	D.N.: 48	Lehnübersetzung
kantanyi	damages	Schadensersatz	D.N.: 28	Derivation
kaveti	caveat	Einspruch	D.N.: 15	Lehnwort
kikontana n'amateeka	illegal	gesetzeswidrig	D.N.: 63	Paraphrase
kimenya amateeka	illegal	gesetzeswidrig	D.N.: 63; FHRI: 65	Paraphrase
-kkiriza obusobya	plead guilty	sich schuldig bekennen	D.N.: 101	Lehnübersetzung
-kkiriza omusango	plead guilty	sich schuldig bekennen	D.N.: 101; FHRI: 77	Lehnübersetzung
kkondo amenya amayumba ekiro	burglar	Einbrecher	D.N.: 12	Paraphrase
-komera	confine	einsperren	D.N.: 23	Derivation
-komola	circumcise	beschneiden	D.N.: 17; FHRI: 95	Lehnübersetzung
-kosa	abuse	missbrauchen	FHRI: 88	semantische Erweiterung
-kuba	assault	angreifen	FHRI: 66	semantische Erweiterung
-kwasisa amateeka	enforce the law	Recht durchsetzen	D.N.: 42; FHRI: 62	Lehnübersetzung (Deriv.)
-kwata (e.g.omuzzi w'omusango)	arrest	verhaften	D.N.: 8;FHRI: 62	semantische Erweiterung
-lagaijavu	negligent	fahrlässig	D.N.: 90	Derivation

Luganda	English	German	Reference	Method
-lagajjalira	neglect	vernachlässigen	D.N.: 90	Derivation
-lamula	judge	Recht sprechen	D.N.: 74; FHRI: 88	Derivation
-lebula	slander	übel nachreden	D.N.: 124	Lehnübersetzung
limanda	remand	Untersuchungshaft	D.N.: 114	Lehnwort (ENG)
-loopa	accuse	anklagen	D.N.: 11	Lehnübersetzung
looya	lawyer	Anwalt	D.N.: 77	Lehnwort (ENG)
-lumbaganyi	aggressive	offensiv	D.N.: 5	Derivation
-lyakula	cheat	betrügen	D.N.: 17	Lehnübersetzung
-lyamu olukwe	betray	verraten	D.N.: 11	Paraphrase
malaaya	prostitute	Prostituierte	D.N.: 107; FHRI: 96	Lehnwort (SWA)
-menya (etteeka)	contravene	gegen das Gesetz verstoßen	D.N.: 25; FHRI: 62	semantische Erweiterung
mob justice	mob justice	Mobgewalt	FHRI: 66	Fremdwort
obubbi	theft	Diebstahl	D.N.: 133	Derivation
obufiirizibwa	harm	Schaden	D.N.: 60	Derivation
obufukuutirizi	instigation	Anstiftung	D.N.: 70	Derivation
obugulirizi	bribery	Bestechung	D.N.: 12	Derivation
obujambula	terrorism	Terrorismus	D.N.: 133	Derivation
obujinzi	forgery	Fälschung	D.N.: 53	Derivation
obujulize	appeal	Berufungsklage	D.N.: 7; FHRI: 89	Derivation
obujuluzi	evidence	Beweis	D.N.: 44; E.H.: 189; FHRI: 68	Derivation
obujuluzi bwa byonna ebibaawo	circumstantial evidence	Indizienbeweis	D.N.: 17	Paraphrase
obujuluzi obukantirize	circumstantial evidence	Indizienbeweis	D.N.: 17	Lehnübersetzung
obujuluzi obutali bwa lubona	circumstantial evidence	Indizienbeweis	D.N.: 17	Paraphrase
obukambwe	violence	Gewalt	D.N.: 27; FHRI: 67	Derivation
obukambwe mu maka	domestic violence	häusliche Gewalt	FHRI: 95	Lehnübersetzung (Deriv.)
obukambwe mu mukwano	sexual violence	sexuelle Gewalt	FHRI: 96	Lehnübersetzung (Deriv.)
obukenkene	terrorism	Terrorismus	D.N.: 133	Derivation
obukijjanyi	harassment	Belästigung	D.N.: 60	Derivation
obukose	harm	Verletzung	D.N.: 60	Derivation
obukumpanya	fraud	Betrug	D.N.: 55	Derivation
obukupyakupya	fraud	Betrug	D.N.: 55	Reduplikation
obulagaijavu	negligence	Fahrlässigkeit	D.N.: 90	Derivation
obulamuzi	magistracy	Richteramt	D.N.: 81; FHRI: 89	Derivation
obuliyiro	damages	Schadensersatz	D.N.: 28	Derivation

Luganda	English	German	Reference	Method
obulumbaganyi	aggression	Angriff	D.N.: 5	Derivation
obulyake	blackmail	Erpressung	D.N.: 11	Derivation
obulyanguzi	bribery	Bestechung	D.N.: 12	Komposition
obunyazi	robbery	Beraubung	D.N.: 119	Derivation
obusibe	confinement	Gefangenschaft	D.N.: 23; FHRI: 78	Derivation
obusiguze	seduction	Verführung	D.N.: 121	Derivation
obusobya	fault	Verschulden	D.N.: 50; FHRI: 75	Derivation
obusosozi	discrimination	Diskriminierung	D.N.: 36	Derivation
obutaba mwesigwa ku mulimu (e.g. kulya enguzi, kuguliriwa, n´ebirala)	corruption	Korruption	D.N.: 26	Paraphrase
obutambi	execution	Hinrichtung	D.N.: 46	Derivation
obuteebereze bw´obutabako musango	presumption of innocence	Unterstellung der Unschuld	D.N.: 104	Paraphrase
obutemu	murder	vorsätzliche Tötung	D.N.: 89; FHRI: 75	Derivation
obutemu obugenderera okusaanyaawo ettundutundu ly´abantu nga balangibwa oluse lwabwe, eddiini yaabwe, oba langi yaabwe	genocide	Genozid	D.N.: 57	Paraphrase
obutemu ssaanya	genocide	Genozid	D.N.: 57	Paraphrase
obutulugunyi	torture	Folter	D.N.: 134; FHRI: 76	Derivation
obuvunaanyizibwa bw´okumatiza kkooti	burden of proof	Beweislast	D.N.: 12	Paraphrase
obuvunaanyizibwa obw´emisango egy´ebibonerezo	criminal responsibility	Schuldfähigkeit	E.H.: 188	Paraphrase
obuwaabi	charge	Anklage	D.N.: 16; FHRI: 79	Derivation
obuwaabizi	accusation	Anklage	D.N.: 2	Derivation
obuwambuze	kidnapping	Entführung	D.N.: 75	Derivation
obuwanjanguse	banishment	Verbannung	D.N.: 10	Derivation
obuyinza obw´awamu	concurrent jurisdiction	konkurrierende Gerichtsbarkeit	D.N.: 22	Lehnübersetzung (Deriv.)
obuzza	fine	Geldstrafe	D.N.: 51	Derivation
obuzzi bw´omusango	crime	Verbrechen	D.N.: 27; FHRI: 79	Paraphrase
obwakkondo obumenya amayumba ekiro	burglary	Einspruchsdiebstahl	D.N.: 12	Paraphrase

obwakyalakimpadde obw´oku nnyanja	piracy	Seeräuberei	D.N.: 100	Paraphrase
obwalupaalanga	delinquency	Kriminalität	D.N.: 31	Derivation
obwamalaaya	prostitution	Prostitution	D.N.: 107	Lehnwort
obwejogoozi	promiscuity	Promiskuität	D.N.: 106	Derivation
obwenkanya	justice	Gerechtigkeit	D.N.: 74; FHRI: 76	Derivation
obwenzi	adultery	Ehebruch	D.N.: 4; E.H.: 186	Derivation
obwokerezi	arson	Brandstiftung	D.N.: 8; E.H.: 186	Derivation
ogumu ku misango egy´enjawulo egiba givunaanibwa omuwawaa-birwa mu nvunaano	count	Punkt der Klagebegründung	D.N.: 26	Paraphrase
-okereza	commit arson	brandstiften	D.N.: 20	Derivation
okuba n´obuvunaanyizibwa mu misango gy´ebibonerezo	criminal responsibility	Schuldfähigkeit	D.N.: 27	Paraphrase
okubalibwa ng´ataliiko musango	presumption of innocence	Unterstellung der Unschuld	D.N.: 104	Paraphrase
okubba	larceny	Diebstahl	E.H.: 189; D.N.: 133	Derivation
okubba ebintu mu dduuka	shoplifting	Ladendiebstahl	D.N.: 124	Paraphrase
okubba ng´alina ekissi	armed robbery	bewaffneter Raub	E.H.: 186	Derivation
okubbisa ebissi	armed robbery	bewaffneter Raub	D.N.: 8	Derivation
okubugirwa	confinement	Gefangenschaft	D.N.: 23	Derivation
okubuusabuusa okusaamu	reasonable doubt	begründeter Zweifel	D.N.: 111	Lehnübersetzung
okugenderera okutta omuntu	attempted murder	Mordversuch	E.H.: 187	Lehnübersetzung
okugezako okwetta yekka	attempted suicide	Suizidversuch	E.H.: 187	Lehnübersetzung
okugezesebwa	probation	Bewährung	D.N.: 106	Derivation
okuggyamu olubuto	abortion	Abtreibung	D.N.: 1	Paraphrase
okugoba mu nsi	deportation	Abschiebung	D.N.: 32	Paraphrase
okujingajinga	forgery	Fälschung	D.N.: 53	Reduplikation
okujingirira	forgery	Fälschung	D.N.: 53	Derivation
okujulira	appeal	Berufungsklage	D.N.: 7	Derivation
okukatula omukoppo	infringement of copyright	Urheberrechtsverletzung	D.N.: 68	Lehnübersetzung (Deriv.)
okukjjanya	harassment	Belästigung	D.N.: 60	Derivation
okukola ekivve ku kisolo	bestiality	Brutalität	D.N.: 11	Paraphrase
okukola omuwala omuto olubuto	seduction	Verführung	E.H.: 191	Paraphrase
okukomerwa	confinement	Gefangenschaft	D.N.: 23	Derivation
okukoppolola ebiwandiike				

n'ebiyiye by'abalala awatali lusa	infringement of copyright	Urheberrechtsverletzung	D.N.: 68	Paraphrase
okukuba	assault	tätl. Beleidigung	D.N.: 8; E.H.: 186	Semantische Erweiterung (Deriv.)
okukuba n'okulumya	battery	Körperverletzung	D.N.: 10; FHRI: 98	Paraphrase
okukwasisa	enforcement	Vollstreckung	D.N.: 42	Derivation
okukwata omukazi	rape	Vergewaltigung	D.N.: 110; FHRI: 100	Paraphrase
okukwata omukazi olw'empaka	rape	Vergewaltigung	E.H.: 190	Paraphrase
okukwata omwana omuto	defilement	Schändung	E.H.: 188; FHRI: 69	Paraphrase
okulimba kkooti	perjury	Meineid	D.N.: 99	Paraphrase
okulumba okw'ensonyi	indecent assault	Sexualverbrechen	D.N.: 66	Lehnübersetzung (Deriv.)
okulumba okw'obuwemu	indecent assault	Sexualverbrechen	D.N.: 66	Lehnübersetzung (Deriv.)
okulumizibwa mu mubiri	personal injury	Körperverletzung	D.N.: 100	Lehnübersetzung (Deriv.)
okulya mu nsi olukwe	treason	Hochverrat	D.N.: 136	Paraphrase
okumanya	scienter	wissentlich begangene Handlung	D.N.: 120	semantische Erweiterung
okumenya ennyumba ekiro	burglary	Einbruchsdiebstahl	E.H.: 187	Paraphrase
okumenya n'okuyingira	breaking and entering	Einbruchsdiebstahl	D.N.: 12	Lehnübersetzung
okumenya ndagaano	breach of contract	Verletzung der Vertragspflicht	D.N.: 12	semantische Erweiterung
okusibibwa amayisa	life imprisonment	lebenslängliche Freiheitsstrafe	D.N.: 79	semantische Erweiterung
okusibibwa obulamu bwe bwonna	life imprisonment	lebenslängliche Freiheitsstrafe	D.N.: 79	Paraphrase
okusibira omusibe ebweru	parole	Bewährung	D.N.: 97	Paraphrase
okusibirwa	confinement	Gefangenschaft	D.N.: 23	Derivation
okusibirwa mu bwannamunigina	solitary confinement	Einzelhaft	D.N.: 125	Paraphrase
okusibirwa obwemage	wrongful confinement	unrechtmäßige Gefangenschaft	D.N.: 142	Lehnübersetzung (Deriv.)
okusibwa mu kkomera	imprisonment	Gefängnisstrafe	D.N.: 64	Paraphrase
okusibwa obwemage	false imprisonment	Freiheitsberaubung	E.H.: 189	Lehnübersetzung (Deriv.)
okusigula omuwala	seduction	Verführung	E.H.: 191	Paraphrase
okusingibwa omusango	guilt	Schuld	D.N.: 59; FHRI: 77	Paraphrase
okusingisibwa musango ogw'ekibonerezo	conviction	strafrechtliche Verurteilung	D.N.: 26; FHRI: 100	Paraphrase
okusobya ku muwala omuto atannaweza myaka	defilement	Schändung	D.N.: 30	Paraphrase (Deriv.)
okusomerwa omusango oguvu-naabiwa	arraignment	Anklage	D.N.: 8	Paraphrase (Deriv.)
okusonyiyibwa ekkomera ku kakalu (nti omusonyiwe ajja				

kweyisa bulungi)	probation	bedingte Freilassung	D.N.: 106	Paraphrase (Deriv.)
okusosola	discrimination	Diskriminierung	D.N.: 36	Derivation
okussa mu nkola	enforcement	Vollstreckung	D.N.: 42	Paraphrase
okusuula omwana	abandonment of a child	Kindesaussetzung	D.N.: 1	Lehnübersetzung
okutamba	execution	Hinrichtung	D.N.: 46	Derivation
okutigaatiga omukazi	indecent assault	Sexualverbrechen	FHRI: 100	Paraphrase
okutombagana n´owooluganda	incest	Inzest	D.N.: 65	Paraphrase
okutta kaana akawere	infanticide	Kindestötung	D.N.: 68	Lehnübersetzung
okutta nnyina	matricide	Muttermord	D.N.: 84	Lehnübersetzung
okutta okutali kugenderere	manslaughter	Totschlag	D.N.: 83	Paraphrase
okutta omuntu	homicide	Tötungsdelikt	D.N.: 62	Lehnübersetzung
okuwambula	kidnapping	Entführung	D.N.: 75	Derivation
okuwasa abakazi abangi	polygamy	Vielweiberei	D.N.: 101	Paraphrase
okuwera	prohibition	Verbot	D.N.: 106	Derivation
okuwozesa	trial	Gerichtsverhandlung	D.N.: 136	Derivation
okuyimiriza okumala akaseera	stay	Aussetzung	D.N.: 127	Paraphrase
okweba n´odduka n´obulawo okuva mu kitundu kkooti ky´erinamu obuyinza	abscond from the jurisdiction	aus der Zuständigkeit entfliehen	D.N.: 1	Paraphrase
okwegatta n´omukazi olw´empaka	rape	Vergewaltigung	FHRI: 99	Paraphrase
okwekiika mu mirimu gya kkooti	obstructing justice	Justiz behindern	D.N.: 93	Paraphrase
okwemulugunya	complaint	Klage	E.H.: 187; FHRI: 69	Derivation
okwenda ku mwana gw´ozaala	incest	Inzest	E.H.: 189	Paraphrase
okwerwanako	self-defence	Notwehr	D.N.: 122	Derivation
okwetaasa	self-defence	Notwehr	D.N.: 122	Derivation
okwetta	suicide	Selbstmord	D.N.: 129	Derivation
okwetuga	suicide	Selbstmord	D.N.: 129	Derivation
okwewozaako	defence	Klageantwort	D.N.: 30	Derivation
okwonoona ebintu mu bugenderevu	malicious damage to property	böswillige Sachbeschädigung	E.H.: 189	Lehnübersetzung
okwonoona ebintu okw´ettima	malicious damage to property	böswillige Sachbeschädigung	D.N.: 82; FHRI: 66	Lehnübersetzung
okwonoona erinnya ly´omuntu	defamation	üble Nachrede	D.N.: 30; E.H.: 188	Paraphrase
okwonoona muwala omuto	defilement	Schändung	D.N.: 30	Paraphrase
oludda oluwaabi	prosecution	strafrechtliche Verfolgung	D.N.: 107	Paraphrase
olukiiko oluteeka amateeka (e.g.				

paalimenti)	legislature	D.N. 78	Paraphrase
olukunjaana olukyamu mu mateeka	unlawful assembly		
olukusa lw'okukwata omuntu	arrest warrant	D.N.: 138	Paraphrase
olukusa lw'okwaza	search warrant	FHRI: 65	Lehnübersetzung
olukusa olukkiriza okwaza	search warrant	FHRI: 63	Lehnübersetzung
omubaka wa kkooti	bailiff	FHRI: 63	Paraphrase
omubbi	thief	D.N.: 10; FHRI: 97	Paraphrase
omubuuliriza	investigator	FHRI: 90; D.N.: 134	Derivation
omudduse	fugitive	D.N.: 73	Derivation
omufukuutirizi	instigator	D.N.: 56	Derivation
omugobya	cheat	D.N.: 70	Derivation
omujambula	terrorist	D.N.: 17	Derivation
omujulize	appellant	D.N.: 133	Derivation
omujulizi	witness	D.N.: 7	Derivation
omujulizi eyaliwo	earwitness	D.N.: 142; FHRI: 68	Lehnübersetzung (Deriv.)
omukenkene	terrorist	D.N.: 39	Derivation
omukuumi w'amakomera	prison warder	D.N.: 133	Lehnübersetzung (Deriv.)
omukwasamateeka	enforcement officer	FHRI: 89	Komposition
omulambo	corpse	D.N.: 42	Lehnübersetzung (Deriv.)
omulamuzi	judge	D.N.: 26	Derivation
omulebuzi	slanderer	D.N.: 74; FHRI: 63	Derivation
omulimu gw'okukakasa	burden of proof	D.N.: 125	Paraphrase
omuloopi	accuser	E.H.: 187	Derivation
omulumbaganyi	aggressor	FHRI: 64	Derivation
omulwanirizi	defender	D.N.: 5	Derivation
omulyakuzi	cheat	FHRI: 90	Derivation
omumenyi w'amateeka	offender	D.N.: 17; FHRI: 75	Lehnübersetzung
omunnamateeka	lawyer	D.N.: 93; FHRI: 78	Komposition
omunyazi	robber	D.N.: 78; FHRI: 67	Derivation
omupoliisi	constable	D.N.: 119; FHRI: 67	Lehnwort
omusango	offense	D.N.: 24; FHRI: 73	Lehnübersetzung (Deriv.)
		D.N.: 93; FHRI: 63	
omusango gw'ekibonerezo	crime	D.N.: 27; E.H.: 188; FHRI: 62	Paraphrase
omusango gw'ekibonerezo			

ky'okuttibwa	capital offence	Kapitalverbrechen	D.N.: 14	Paraphrase
omusango gw'okufa	capital offence	Kapitalverbrechen	D.N.: 14	Lehnübersetzung
omusango gy'obukaba	sexual offence	Sexualstraftat	D.N.: 123	Paraphrase
omusango gy'okukaba	offence against morality	Vergehen gegen die Moral	E.H.: 190	Lehnübersetzung
omusango ogutali gwa ntanyi	misdemeanour	Ordnungswidrigkeit	D.N.: 87	Paraphrase
omusibe	prisoner	Gefangener	D.N.: 105; FHRI: 63	Derivation
omusibe obutakkirizibwa kwetaba na basibe banne	solitary confinement	Einzelhaft	D.N.: 125	Paraphrase
omusibe w'olutalo	prisoner of war	Kriegsgefangener	D.N.: 105	Lehnübersetzung
omusigire	attorney	Anwalt	E.H.: 187	Derivation
omusobya	culprit	Täter	D.N.: 28	Derivation
omussi	murderer	Mörder	FHRI: 107	Derivation
omutango	fine	Geldstrafe	FHRI: 90	Derivation
omutanyi	felon	Verbrecher	D.N.: 50	Derivation
omuteeka-mateeka	legislator	Gesetzgeber	D.N.: 78	Komposition
omutemu	murderer	Mörder	D.N.: 89; FHRI: 79	Derivation
omutemu omwendule atta omuntu omututumufu olw'ensonga z'ebyobufuzi	assassin	Mörder	D.N.: 8	Paraphrase
omuvunaanwa	defendant	Angeklagter	D.N.: 30; FHRI: 62	Derivation
omuvunaanwa omuto	juvenile offender	jugendl. Straftäter	FHRI: 71	Lehnübersetzung (Deriv.)
omuwaabi	defendant	Ankläger	FHRI: 70; D.N.: 3	Derivation
omuwambuse	fugitive	Flüchtling	D.N.: 56	Derivation
omuwambuzi	kidnapper	Entführer	D.N.: 75	Derivation
omuwawaabirwa	defendant	Angeklagter	D.N.: 30	Derivation
omuwolereza	attorney	Anwalt	D.N.: 9; FHRI: 78	Derivation
omuwolereza w'amateeka	advocate	Verteidiger	D.N.: 4	Derivation
omuwuuyi	abductor	Entführer	D.N.: 1	Derivation
omuzibiikiriza	accessory after the fact	Begünstiger	D.N.: 2, 48	Derivation
omuzzi w'emisango ow'olulango	habitual offender	Gewohnheitstäter	D.N.: 60	Paraphrase
omuzzi w'entanyi	felon	Verbrecher	D.N.: 50	Lehnübersetzung (Deriv.)
omuzzi w'omusango	offender	Straftäter	D.N.: 93; FHRI: 76	Lehnübersetzung (Deriv.)
omuzzi w'omusango gw'okufa	capital offender	Kapitalverbrecher	D.N.: 14	Paraphrase (Deriv.)
omuzzi w'omusango omuto	young offender	jugendlicher Straftäter	D.N.: 142	Lehnübersetzung (Deriv.)
omwana omuzzi w'emisango	juvenile delinquent	jugendlicher Straftäter	D.N.: 75	Lehnübersetzung (Deriv.)

omwemulugunyi	complainant	Kläger	D.N.: 21; FHRI: 67	Derivation
omwenzi	adulterer	Ehebrecher	D.N.: 4	Derivation
omwetabi	accessory	Mitschuldiger	D.N.: 2	Derivation
omwetabi nga ekikolwa tekinna-baawo	accessory before the fact	Anstifter	D.N.: 2, 48	Lehnübersetzung (Deriv.)
omwetabi oluvanyuma lw'ekikola	accessory after the fact	Begünstiger	D.N.: 2, 48	Lehnübersetzung
omwokerezi	arsonist	Brandstifter	D.N.: 8	Derivation
puliida	pleader	Verteidiger	D.N.: 101	Lehnwort
-sala obulere	mutilate	verstümmeln	D.N.: 89	Paraphrase
-sasuza ensimbi z'obulyake	blackmail	Geld erpressen	D.N.: 11	Paraphrase (Deriv.)
search warrant	search warrant	Durchsuchungsbefehl	FHRI: 63	Fremdwort
-seemya	seduce	verführen	D.N.: 121	Lehnübersetzung
semaanisi	summons	Vorladung	D.N.: 129	Lehnwort
-siba	imprison	einsperren	FHRI: 62	Lehnübersetzung
-siba kaveti	enter a caveat	Einspruch einlegen	D.N.: 15	Lehnübersetzung
-siba nkulabudde	enter a caveat	Einspruch einlegen	D.N.: 15	Lehnübersetzung
-sibira	confine	einsperren	D.N.: 23; FHRI: 89	Derivation
-sibira mu kkomera	imprison	verhaften	D.N.: 64	Paraphrase (Deriv.)
-sigula	seduce	verführen	D.N.: 121	Lehnübersetzung
-sindika mu kkomera	commit to prison	einsperren	D.N.: 20	Paraphrase
-sindika mu nkomyo	commit to prison	einsperren	FHRI: 91	Paraphrase
-sobu	culpable	schuldhaft	D.N.: 28	Derivation
-somera omuwawaabira omusan-go ogumuvunaanibwa	arraign	vor Gericht stellen	D.N.: 8	Paraphrase
-sonyiwa	pardon	begnadigen	D.N.: 97	semantische Erweiterung
-sosola	discriminate	diskriminieren	FHRI: 94; D.N.: 35	Lehnübersetzung
ssaaliwo (okuwoza ssaaliwo)	alibi	Alibi	D.N.: 5	Lehnübersetzung
-taasa	defend	verteidigen	D.N.: 30	Lehnübersetzung
-tabiikiriza n'ebintu ebibi	adulterate	verfälschen	D.N.: 4	Paraphrase
-tabiikiriziddwamu ebintu ebibi	adulterated	verfälscht	D.N.: 4	Paraphrase
-tamba	execute	hinrichten	D.N.: 46	Lehnübersetzung
-tayira	circumcise	beschneiden	D.N.: 17	Lehnübersetzung
-teeka amateeka	legislate	Gesetze erlassen	D.N.: 78	Lehnübersetzung
-temako ebitundu by'omubiri	mutilate	verstümmeln	D.N.: 89	Paraphrase
-temula	murder	ermorden	D.N.: 89	Derivation

-tta	murder	ermorden	FHRI: 97	Lehnübersetzung
-tta ekizinzi	massacre	massakrieren	D.N.: 83	Paraphrase
-tta n'amasannyalaze	electrocute	auf dem elektrischen Stuhl hinrichten	D.N.: 40	Paraphrase
-tugumbula	strangle	erwürgen	FHRI: 104	Derivation
-tulugunya	torture	foltern	D.N.: 134; FHRI: 67	semantische Erweiterung
-vugula	seduce	verführen	D.N.: 121	semantische Erweiterung
-vuma	insult	beschimpfen	FHRI: 66	Lehnübersetzung
-vunaana	accuse	anklagen	D.N.: 3; FHRI: 70	Lehnübersetzung
-waaba omusango gw´ekibonerezo	prosecute	strafrechtlich verfolgen	D.N.: 107; FHRI: 97	Lehnübersetzung
-waabira	accuse	anklagen	D.N.: 3; FHRI: 139	Derivation
waalanta y´okufuuza	search warrant	Durchsuchungsbefehl	D.N.: 121	Lehnübersetzung mit Lehnwort
waalanta y´okukwata omuntu	arrest warrant	Haftbefehl	D.N.: 141	Lehnübersetzung mit Lehnwort
waalanta y´okutamba	death warrant	Hinrichtungsbefehl	D.N.: 29	Lehnübersetzung mit Lehnwort
waalanta y´okwaza	search warrant	Durchsuchungsbefehl	D.N.: 121	Lehnübersetzung mit Lehnwort
-wagira	abet	anstiften	D.N.: 1	Derivation
-wamba kidduka nga kiri mu kkubo (naddala ennyonyi ng´eri mu bwengula)	hijack	entführen	D.N.: 61	Paraphrase
-wambula	abduct	entführen	D.N.: 1; FHRI: 66	Lehnübersetzung
-wanjangusa	banish	verbannen	D.N.: 10	Derivation
-wera	prohibit	verbieten	D.N.: 106	semantische Erweiterung
-were	prohibited	verboten	D.N.: 106	Derivation
-woza	plead	plädieren	D.N.: 101; FHRI: 70	Derivation
-wuuya	abduct	entführen	D.N.: 1	Lehnübersetzung
-yamba	abet	anstiften	D.N.: 1	semantische Erweiterung
-yaza	search	durchsuchen	D.N.: 121; FHRI: 63	Lehnübersetzung
-yita abajulizi	call witnesses	Zeugen aufrufen	D.N.: 13	Lehnübersetzung
-yonoona	abuse	missbrauchen	D.N.: 2; FHRI: 99	semantische Erweiterung
-zza omuntu mu nsi gye yava	deport	abschieben	D.N.: 32	Paraphrase
-zza omusango	commit	Verbrechen begehen	D.N.: 20; FHRI: 64	Lehnübersetzung

Tabelle II: Synonyme

Deutsch	Luganda	Englisch	Wortbildungsstrategie	Quelle
abschieben	-goba mu nsi	deport	Paraphrase	D.N.: 32
	-zza omuntu mu nsi gye yava	deport	Paraphrase	D.N.: 32
Angeklagter	omuvunaanwa	defendant	Derivation	D.N.: 30; FHRI: 63
	omuwawaabirwa	defendant	Derivation	D.N.: 30
Anklage	envunaano	accusation	Derivation	D.N.: 2; FHRI: 65
	obuwaabi	charge	Derivation	D.N.: 15; FHRI: 78
	obuwaabizi	accusation	Derivation	D.N.: 2
	okusomerwa omusango oguvunaabiwa	arraignment	Paraphrase	D.N.: 8
	charge	charge	Fremdwort	FHRI: 71
Ankläger	omuwaabi	accuser	Derivation	FHRI: 65; D.N.: 3
	omuloopi	accuser	Derivation	FHRI: 64
anklagen	-vunaana	accuse	Lehnübersetzung	D.N.: 3; FHRI: 70
	-waabira	accuse	Derivation	D.N.: 3
	-loopa	accuse	Lehnübersetzung	FHRI: 64
anstiften	-etaba	abet	semantische Erweiterung	D.N.: 1
	-fukuutirira	instigate	Derivation	D.N.: 70
	-wagira	abet	Derivation	D.N.: 1
	-yamba	abet	semantische Erweiterung	D.N.: 1
Anstifter	omufukuutirizi	instigator	Derivation	D.N.: 70
	omwetabi nga ekikolwa tekinnabaawo	accessory before the fact	Paraphrase	D.N.: 2
Anwalt	looya	lawyer	Lehnwort	D.N.: 77
	omunnamateeka	lawyer	Komposition	D.N.: 77; FHRI: 70
Begünstiger	omuzibiikiriza	accessory after the fact	Derivation	D.N.: 2, 48
	omwetabi oluvanyuma lw'ekikola	accessory after the fact	Paraphrase	D.N.: 2, 48
Belästigung	obukijjanyi	harassment	Derivation	D.N.: 60
	okukijjanya	harassment	Derivation	D.N.: 60
Berufungsklage	obujulize	appeal	Derivation	D.N.: 7; FHRI: 143
	okujulira	appeal	Derivation	D.N.: 7
beschneiden	-komola	circumcise	Lehnübersetzung	D.N.: 17; FHRI: 95

Deutsch	Luganda	English	Methode	Quelle
	-tayira	circumcise	Lehnübersetzung	D.N.: 17
Bestechung	obugulirizi	bribery	Derivation	D.N.: 12
	obulyanguzi	bribery	Derivation	D.N.: 12
bestrafen	-bonereza	punish	Derivation	D.N.: 108; FHRI: 78
	-gugumbula	punish	Lehnübersetzung	D.N.: 108
Betrug	obukumpyana	fraud	Derivation	D.N.: 55
	obukupyakupya	fraud	Reduplikation	D.N.: 55
betrügen	-gobya	cheat	Derivation	D.N.: 17
	-lyakula	cheat	Lehnübersetzung	D.N.: 17
Betrüger	omugobya	cheat	Derivation	D.N.: 17
	omulyakuzi	cheat	Derivation	D.N.: 17; FHRI: 75
Beweislast	obuvumaanyizibwa bw'okumatiza kkooti	burden of proof	Paraphrase	D.N.: 12
	omulimu gw'okukakasa	burden of proof	Lehnübersetzung	E.H.: 187
böswillig	-a ttima	malicious	Derivation	D.N.: 82
	-a ffutwa	malicious	Derivation	D.N.: 82
	-a ggiri	malicious	Derivation	D.N.: 82
böswillige Sachbeschädi-gung	okwonoona ebintu mu bugenderevu	malicious damage to property	Lehnübersetzung	E.H.: 189
	okwonoona ebintu okw'ettima	malicious damage to property	Lehnübersetzung	D.N.: 82
Diebstahl	okubba	larceny	Derivation	D.N.:133; E.H.: 189
	obubbi	theft	Derivation	D.N.: 133
	engalo	theft	semantische Erweiterung	FHRI: 66
durchsuchen	-fuuza	search	Lehnübersetzung	D.N.: 121;FHRI: 62
	-yaza	search	Lehnübersetzung	FHRI: 63; D.N.: 121
Durchsuchungsbefehl	waalanta y'okufuuza	search warrant	Lehnübersetzung	D.N.: 121
	waalanta y'okwaza	search warrant	Lehnübersetzung	D.N.: 121
	olukusa lw'okwaza	search warrant	Lehnübersetzung	FHRI: 63
	search warrant	search warrant	Fremdwort	FHRI: 63
	olukusa olukkiriza okwaza	search warrant	Paraphrase	FHRI: 63
Einbruchsdiebstahl	obwakkondo obumenya amayumba ekiro	burglary	Paraphrase	D.N.: 12
	okumenya ennyumba ekiro	burglary	Paraphrase	E.H.: 187
einsperren	-komera	confine	Derivation	D.N.: 23

Deutsch	Luganda	Englisch	Typ	Quelle
	-sibira	confine	Derivation	D.N.: 23
	-bugira	confine	Derivation	D.N.: 23
Einspruch	enkulabudde	caveat	Derivation	D.N.: 15
	kaveti	caveat	Lehnwort	D.N.: 15
Einspruch einlegen	-siba kaveti	enter a caveat	Lehnübersetzung	D.N.: 15
	-siba nkulabudde	enter a caveat	Lehnübersetzung	D.N.: 15
Einzelhaft	okusibirwa mu bwannamunigina	solitary confinement	Lehnübersetzung	D.N.: 125
	omusibe obutakkirizibwa kwetaba na basibe banne	solitary confinement	Paraphrase	D.N.: 125
entführen	-wamba kidduka nga kiri mu kkubo (naddala emyonyi ng' eri mu bwengula)	abduct	Paraphrase	D.N.: 61
	-wambula	abduct	Derivation	D.N.: 1
	-wuuya	abduct	Lehnübersetzung	D.N.: 1
Entführer	omuwambuzi	kidnapper	Derivation	D.N.: 75
	omuwuuyi	kidnapper	Derivation	D.N.: 1
Entführung	obuwambuze	kidnapping	Derivation	D.N.: 75
	okuwambula	kidnapping	Derivation	D.N.: 75
ermorden	-tta	murder	Lehnübersetzung	FHRI: 97
	-temula	murder	Derivation	D.N.: 89
Fälschung	ekikwangala	counterfeit	Derivation	D.N.: 27
	obujinzi	forgery	Derivation	D.N.: 53
	okujingajinga	forgery	Derivation	D.N.: 53
	okujingirira	forgery	Derivation	D.N.: 53
fahrlässig	-gayaala	negligent	Lehnübersetzung	D.N.: 90
	-lagajjavu	negligent	Derivation	D.N.: 90
Flüchtling	omudduse	fugitive	Derivation	D.N.: 56
	omuwambuse	fugitive	Derivation	D.N.: 56
Gefangenschaft	obusibe	confinement	Derivation	D.N.: 23
	okubugirwa	confinement	Derivation	D.N.: 23
	okukomerwa	confinement	Derivation	D.N.: 23
	okusibirwa	confinement	Derivation	D.N.: 23; FHRI: 64
Gefängnis	ekkomera	prison	Derivation	FHRI: 70; D.N.: 105

	Luganda	English	Methode	Referenz
	embuzeekogga	prison	Komposition	D.N.: 56
	ekkolooni	prison	Lehnwort	D.N.: 56
	enkomyo	prison	Derivation	FHRI: 91
	akawome	prison	Derivation	D.N.: 56
Geldstrafe	obuzza	fine	Derivation	D.N.: 51
	omutango	fine	Derivation	D.N.: 51
	engassi	fine	Lehnübersetzung	FHRI: 90
Genozid	obutemu obugenderera okusaanyaawo ettundutundu ly'abantu nga balangibwa oluse lwabwe, eddiini yaabwe, oba langi yaabwe	genocide	Paraphrase	D.N.: 57
	obutemu ssaanya	genocide	Paraphrase	D.N.: 57
Gericht	eggwolezo	court	Derivation	D.N.: 27
	ekkooti	court	Lehnwort	D.N.: 27; FHRI: 63
	embuga ya mateeka	court	Paraphrase	D.N.: 27
Gerichtsurteil	ennamula	judgement	Derivation	D.N.: 74
	ensala	judgement	Derivation	D.N.: 74; FHRI: 130
Gerichtsverhandlung	empozesa	trial	Derivation	D.N.: 136; FRHI: 100
	okuwozesa	trial	Derivation	D.N.: 136
Gerichtsvollzieher	omubaka wa kkooti	bailiff	Lehnübersetzung	D.N.: 10; FHRI: 87
	omusigire wa kkooti	bailiff	Lehnübersetzung	D.N.: 10
gesetzeswidrig	kikontana n'amateeka	illegal	Paraphrase	D.N.: 63
	kimenya amateeka	illegal	Paraphrase	D.N.: 63; FHRI: 80
Haftbefehl	olukusa lw'okukwata omuntu	arrest warrant	Paraphrase	FHRI: 65
	arrest warrant	arrest warrant	Fremdwort	FHRI: 65
	waalanta y'okukwata omuntu	arrest warrant	Lehnübersetzung	D.N.: 141
häusliche Gewalt	domestic violence	domestic violence	Fremdwort	FHRI: 95
	obukambwe mu maka	domestic violence	Lehnübersetzung	FHRI: 95
Hinrichtung	obutambi	execution	Derivation	D.N.: 46; FHRI: 90
	okutamba	execution	Derivation	D.N.: 46
Indizienbeweis	obujuluzi obukantirize	circumstantial evidence	Lehnübersetzung	D.N.: 17
	obujuluzi obutali bwa lubona	circumstantial evidence	Paraphrase	D.N.: 17

Inzest	okutombagana n'owooluganda	incest	Paraphrase	D.N.: 65
	okwenda ku mwana gw'ozaala	incest	Paraphrase	E.H.: 189
jugendl. Straftäter	omuzzi w'omusango omuto	young offender	Paraphrase	D.N.: 142
	omuvunaanwa omuto	juvenile offender	Lehnübersetzung	FHRI: 71
	omwana omuzzi w'emisango	juvenile delinquent	Paraphrase	D.N.: 75
	juvenile offender	juvenile offender	Fremdwort	FHRI: 71
Kapitalverbrechen	entanyi	felony	Derivation	D.N.: 50
	omusango gw'ekibonerezo ky'okuttibwa	capital offence	Paraphrase	D.N.: 14
	omusango gw'okufa	capital offence	Lehnübersetzung	D.N.: 14
Klage	ekyemulugunyo	complaint	Derivation	D.N.: 21
	okwemulugunya	complaint	Derivation	E.H.:187; FHRI: 65
Klageantwort	enneetaasa	defence	Derivation	D.N.: 30
	okwetaasa	defence	Derivation	D.N.: 30
	okwewozaako	defence	Derivation	D.N.: 30
Körperverletzung	ekisago	bodily harm	Derivation	D.N.: 11
	okukuba n'okulumya	battery	Paraphrase	D.N.: 10; FHRI: 67
	okulumizibwa mu mubiri	personal injury	Lehnübersetzung	D.N.: 100
Kriminalpolizei	ekitongole kya bambega	CID	Paraphrase	D.N.: 27
	ekitongole ekibuuliriza mu buzzi bw'emisango	CID	Paraphase	D.N.: 27
	Criminal Investigation Department	CID	Fremdwort	FHRI: 62
lebenslängl. Freiheitsstrafe	okusibibwa amayisa	life imprisonment	Lehnübersetzung	D.N.: 79
	okusibibwa obulamu bwe bwonna	life imprisonment	Paraphrase	D.N.: 79
Leichnam	enjole	corpse	semantische Erweiterung	D.N.: 26
	omulambo	corpse	Derivation	D.N.: 26
mildernde Umstände	ensonga ezikendeeza ku bubi bw'omusango	mitigating circumstances	Paraphrase	D.N.: 87
	ensonga ezisaasizisa	mitigating circumstances	Lehnübersetzung	D.N.: 87
missbrauchen	-jenjebula	abuse	Lehnübersetzung	D.N.: 2
	-yonoona	abuse	semantische Erweiterung	D.N.: 2; FHRI: 79
	-kosa	abuse	semantische Erweiterung	FHRI: 88
Mobgewalt	ekkooti eya mbagirawo	mob justice	Paraphrase	FHRI: 66

	mob justice	mob justice	Fremdwort	FHRI: 66
Mörder	omutemu omwendule atta omuntu omutu-tumufu olw´ensonga z´ebyobufuzi	assassin	Paraphrase	
	omutemu	murderer	Derivation	D.N.: 8
	omussi	murderer	Derivation	D.N.: 89; FHRI: 102
Schaden	obufiirizibwa	harm	Derivation	FHRI: 107
	obukose	harm	Derivation	D.N.: 60
Schadensersatz	engassi	damages	Derivation	D.N.: 60
	eggozi	damages	Derivation	D.N.: 28; E.H.: 188
	kantanyi	damages	Derivation	D.N.: 28
	obuliyiro	damages	Derivation	D.N.: 28
Schändung	okukwata omwana omuto	defilement	Paraphrase	E.H.: 188
	okusobya ku muwala omuto atannaweza myaka 17	defilement	Paraphrase	D.N.: 30
	okwonoona muwala omuto	defilement	Paraphrase	D.N.: 30; FHRI: 89
Schuldfähigkeit	obuvunaanyizibwa obw´emisango egy´ebibonerezo	criminal responsibility	Paraphrase	E.H.: 188
	okuba n´obuvunaanyizibwa mu misango gy´ebibonerezo	criminal responsibility	Paraphrase	D.N.: 27
Selbstmord	okwetta	suicide	Derivation	D.N.: 129; FHRI: 100
	okwetuga	suicide	Derivation	D.N.: 129
Sexualverbrechen	okulumba okw´ensonyi	indecent assault	Paraphrase	D.N.: 66
	okulumba okw´obuwemu	indecent assault	Paraphrase	D.N.: 66
	okutigaatiga omukazi	indecent assault	Paraphrase	FHRI: 100
	indecent assault	indecent assault	Fremdwort	FHRI: 100
sexuelle Gewalt	sexual violence	sexual violence	Fremdwort	FHRI: 96
	obukambwe mu mukwano	sexual violence	Paraphrase	FHRI: 96
sich schuldig bekennen	-kkiriza obusobya	plead guilty	Lehnübersetzung	D.N.: 101
	-kkiriza omusango	plead guilty	Lehnübersetzung	D.N.: 101; FHRI: 78
sich verteidigen	-etaasa	defend	Lehnübersetzung	D.N.: 30
	-ewozaako	defend	Derivation	D.N.: 30; FHRI: 67
Strafmaßnahme	ekibonerezo	sanction	Derivation	D.N.: 120

German	Luganda	English	Method	Source
Strafprozessordnung	ekisagguzo	sanction	Derivation	D.N.: 120
	etteeka ly' enkwata y' emisango gy' ebibonerezo	criminal procedure code act	Lehnübersetzung	FHRI: 64
	etteeka ly' enkola n' emitendera mu misango gy' ebibonerezo	criminal procedure code act	Paraphrase	D.N.: 144
	Criminal Procedure Code Act	CPCA	Fremdwort	FHRI: 64
Straftat	ekisobyo	offense	Derivation	D.N.: 93
	omusango	offense	Derivation	D.N.: 93; FHRI: 65
Straftäter	omuzzi w' omusango	offender	Paraphrase	D.N.: 93
	omusobya	culprit	Derivation	D.N.: 28
	omumenyi w' amateeka	offender	Paraphrase	D.N.: 93; FHRI: 67
Strafverfahren	enkola egobererwa mu misango egy' ebibonerezo	criminal procedure	Paraphrase	E.H.: 188
	enkola n' emitendera mu misango gy' ebibonerezo	criminal procedure	Paraphrase	D.N.: 133
Terrorismus	obujambula	terrorism	Derivation	D.N.: 133
	obukenkene	terrorism	Derivation	D.N.: 133
Terrorist	omujambula	terrorist	Derivation	D.N.: 133
	omukenkene	terrorist	Derivation	D.N.: 133
üble Nachrede	kalebule	defamation	Derivation	D.N.: 30; E.H.: 188
	kalebule ow' akamwa	slander	Paraphrase	D.N.: 124
	okwonoona erimya ly' omuntu	defamation	Paraphrase	D.N.: 30; E.H.: 188
Unterstellung der Un-schuld	obuteebereze bw' obutabako musango	presumption of innocence	Paraphrase	D.N.: 104
	okubalibwa ng' ataliiko musango	presumption of innocence	Paraphrase	D.N.: 104
Urheberrechtsverletzung	okukatula omukoppo	infringement of copyright	Lehnübersetzung	D.N.: 68
	okukoppolola ebiwandiike n' ebiyiye by' abalala awatali lusa	infringement of copyright	Paraphrase	D.N.: 68
Verbrechen	ekikolwa ekibi	crime	Paraphrase	E.H.: 188
	obuzzi bw' omusango	crime	Paraphrase	D.N.: 27
	omusango gw' ekibonerezo	crime	Paraphrase	D.N.: 27; FHRI: 77
Verbrecher	omutanyi	felon	Derivation	D.N.: 50

German	Luganda	English	Kategorie	Quelle
verfälschen	omuzzi w´entanyi	felon	Paraphrase	D.N.: 50
	-tabiikiriza n´ebintu ebibi	adulterate	Paraphrase	D.N.: 4
verfälscht	-yonoona	adulterate	Lehnübersetzung	D.N.: 4
	-tabiikiriziddwamu ebintu ebibi	adulterated	Paraphrase	D.N.: 4
verführen	-yonoonefu	adulterated	Derivation	D.N.: 4
	-seemya	seduce	Derivation	D.N.: 121
	-sigula	seduce	Lehnübersetzung	D.N.: 121
	-vugula	seduce	Lehnübersetzung	D.N.: 121
Verführung	obusiguze	seduction	Derivation	D.N.: 121
	okukola omuwala omuto olubuto	seduction	Paraphrase	E.H.: 191
	okusigula omuwala	seduction	Paraphrase	E.H.: 191
Vergewaltigung	okukwata omukazi	rape	Lehnübersetzung	D.N.: 110
	okukwata omukazi olw´empaka	rape	Paraphrase	E.H.: 190
	okwegatta n´omukazi olw´empaka	rape	Paraphrase	FHRI: 99
verhaften	-ggalira mu kkomera	imprison	Paraphrase	D.N.: 64; FHRI: 78
	-kwata (e.g.omuzzi w´omusango)	imprison	Semantische Erweiterung	D.N.: 8
	-sibira mu kkomera	imprison	Paraphrase	D.N.: 64
	-sindika mu nkomyo	imprison	Lehnübersetzung	FHRI: 91
	-siba	imprison	Lehnübersetzung	FHRI: 62
vernachlässigen	-gayaalirira	neglect	Derivation	D.N.: 90
	-lagaijalira	neglect	Derivation	D.N.: 90
verraten	-loopa	betray	Lehnübersetzung	D.N.: 11
	-lyamu olukwe	betray	Paraphrase	D.N.: 11
Verschulden	ekisobyo	fault	Derivation	D.N.: 50; FHRI: 90
	ensobi	fault	Derivation	D.N.: 50
	obusobya	fault	Derivation	D.N.: 50; FHRI: 76
verstümmeln	-sala obulere	mutilate	Paraphrase	D.N.: 89
	-temako ebitundu by´omubiri	mutilate	Paraphrase	D.N.: 89
Verteidiger	omulwanirizi	pleader	Derivation	D.N.: 30; FHRI: 90
	omuwolereza	pleader	Derivation	D.N.: 101; FHRI: 78
	puliida	pleader	Lehnwort	D.N.: 101
	omuwolereza w´amateeka	pleader	Paraphrase	D.N.: 4

Vollstreckung	okukwasisa	enforcement	Derivation	D.N.: 42; FHRI: 97
	okussa mu nkola	enforcement	Paraphrase	D.N.: 42; FHRI: 65
vorsätzlich	-genderere	deliberate	Derivation	D.N.: 30
	-a kyeteeso	deliberate	Derivation	D.N.: 30

Tabelle III: Entwicklung der Strafrechtstermini

Luganda	Englisch	Quelle 1952	E.H. (1962)	D.N. (1993)	Quelle 2009	FHRI (2010)
-a futtwa	malicious	Nein	Nein	Ja	Nein	Nein
-a ggiri	malicious	Nein	Nein	Ja	Nein	Nein
-a kiramuzi	judicial	Nein	Nein	Ja	-a kkooti;	Nein
-a kyeteeso	deliberate	Ja	Nein	Ja	Nein	Nein
-a ttima	malicious	Ja	Ja	Ja	Ja	Nein
abawawabirwa banne bwe betaba	accomplices	Nein	Ja	Nein	Nein	Nein
akabi akabindabinda	imminent danger	Nein	Nein	Ja	Nein	Nein
akasango akatono	petty offense	Nein	Nein	Ja	Nein	Nein
akasanvu	forced labour	Ja	Nein	Ja	Nein	Nein
akawome	prison	ekkomera, ekkolo-kooni	Nein	Ja	ekkomera, ekkolokooni	enkomyo; ekkomera
amaanyi	violence	Ja	Nein	Nein	Ja	Ja
amagendo	black market	Nein	Nein	Ja	Ja	Nein
amateeka g'ebibonerezo	criminal law	Nein	Ja	Ja	Nein	Ja
-bindabinda	imminent	Nein	Nein	Ja	Nein	Nein
-bonereza	punish	Ja	Nein	Ja	Ja	Ja
-bugira	confine	Nein	Nein	Ja	Nein	Nein
-buuliriza	interrogate	Ja	Nein	Ja	Ja	Nein
charge	charge	Nein	Nein	obuwaabi	Nein	Ja
domestic violence	domestic violence	Nein	Nein	Nein	Nein	Ja
ebigambo ebivuma	abusive language	Nein	Nein	Ja	Nein	Nein
ebigambo oba ebikolwa ebijee-mesa abantu	sedition	obujeemu	Nein	Ja	okulebula	Nein
ebintu ebibbirire	contraband	Nein	Nein	Ja	Nein	Nein
eggozi	damages	Nein	Nein	Ja	Nein	Nein

						ekkooti
eggwolezo	court	Ja	Nein	Ja	Nein	Ja
ekibonerezo	punishment	Ja	Nein	Ja	Ja	Nein
ekibonerezo ekisusse obukambwe era ekitali kya buntu	cruel and inhuman punishment	Nein	Nein	Ja	Nein	Nein
ekibonerezo ky'okukubwa kiboo-ko	corporal punishment	Nein	Nein	Ja	Nein	Nein
ekibonerezo ky'okuttibwa	capital punishment	Nein	Ja	Ja	Ja	Nein
ekikolwa ekibi	crime	Nein	Ja	obuzzi bw'omusango	Ja	Ja
ekikwangala	counterfeit	Nein	Nein	Ja	Nein	Nein
ekinyiigululo	remedy	(eddagala)	Nein	Ja	(eddagala; obuyambi)	Nein
ekiragiro kya kkooti ekisindika omuwawaabira kkomera	committal warrant	Nein	Nein	Ja	Nein	Nein
-esittaza	scandalize	-kuwasa nsonyi	Nein	Ja	Nein	Nein
-esittaza	scandalous	-a nsonyi	Nein	Ja	Nein	Nein
ekisagguzo	sanction	olukusa	Nein	Ja	Nein	Nein
ekisago	bodily harm	Nein	Nein	Ja	Nein	Nein
ekisobyo	delict	Ja	Ja	Ja	Nein	Ja
ekisonyiwo	pardon	Nein	Nein	Ja	Nein	Nein
ekitongole ekibuuliriza mu buzzi bw'emisango	CID	Nein	Nein	Ja	Nein	Nein
ekitongole ekiramuzi	judiciary	Nein	Nein	Ja	Nein	Nein
ekitongole kya bambega	CID	Nein	Nein	Ja	Nein	Nein
ekitongole kya poliisi ekinoonye-reza ku misango	CID	Nein	Nein	Nein	Nein	Ja
ekiwero	prohibition	(duster, napkin)	Nein	Ja	(piece of cloth)	Ja
ekkolokooni	prison	Ja	Nein	Ja	Ja	enkomyo; ekkomera
ekkomera	prison	Ja	Nein	Ja	Ja	Ja
ekkooti	court	Nein	Ja	Ja	Nein	Ja
ekkooti ejulirwamu	court of appeal	Nein	Ja	Ja	Nein	Ja
ekkooti erina obuyinza okuwozesa omusango	competent court	Nein	Nein	Ja	Nein	Ja
ekkooti eya mbagirawo	mob justice	Nein	Nein	Nein	Nein	Ja
ekyemulugunyo	complaint	Ja	okwemulugunya	Ja	Ja	Nein

ekyesittazo	scandal	ekyesittaza	Nein	Ja	Nein	Nein
embuga ya mateeka	court	Nein	Nein	Ja	ekkomera, ekkolo-kooni	Nein
embuzeekogga	prison	ekkomera, ekkolo-kooni	Nein	Ja	ekkomera, ekkolo-kooni	Nein
empozesa ensobu	mistrial	Nein	Nein	Ja	Nein	Nein
-emulugunya	complain	Ja	Nein	Ja	Ja	Ja
engalo	theft	obubbi	okubba	okubbi	Ja	Ja
engassi	damages	fine	Ja	Ja	fine	fine
engassi	fine	Ja	damages	Ja	Ja	Ja
enguzi	bribe	Ja	Nein	Ja	Ja	Ja
enjole	corpse	Ja	Nein	Ja	dead body of a king	Nein
enkola egobererwa mu misango gy'ebibonerezo	criminal procedure	Nein	Ja	Ja	Nein	Nein
enkola n'emiteendera mu misango gy'ebibonerezo	criminal procedure	Nein	Nein	Ja	Nein	Nein
enkomyo	prison	ekkomera, ekkolo-kooni	Nein	ekkomera	Ja	Ja
enkulabudde	caveat	Nein	Nein	Ja	Nein	Nein
ennamula	judgement	okusala	Nein	Ja	Ja; ensala y' omusango	ensala
enneetaasa	defence	empoza; okuwoza	Nein	Ja	empoza; okwetaasa	Nein
ensala	judgement	okusala	Nein	Ja	ensala y' omusango	Ja
ensobi	fault	Ja; omusango	Nein	Ja	Nein	Nein
ensonga ezikendeeza ku bubi bw'omusango	mitigating circumstances	Nein	Nein	Ja	Nein	Nein
ensonga ezisaasizisa	mitigating circumstances	Nein	Nein	Ja	Nein	Nein
entanyi	felony	Nein	Nein	Ja	Nein	Nein
envuba	pillory	Ja	Nein	Ja	(stock)	Nein
envunaanagano	counter-claim	Nein	Nein	Ja	Nein	Nein
envunaano	accusation	Nein	Nein	Ja	omusango	Ja
-etaba	abet	-yamba	Nein	Ja	-yamba omuntu ali mu kisobyo	Nein
etteeka ly'emisango gy'ebibonerezo	penal code	Nein	Nein	Ja	Nein	Nein
etteeka ly'enkola n'emitendera						

mu misango gy´ebibonerezo	criminal procedure code act	Nein	Nein	Ja	Nein	Ja
etteeka ly´enkwata y´emisango gy´ebibonerezo	criminal procedure code act	Nein	Nein	Ja	Nein	Ja
etteeka ly´enneeyisa	code of conduct	Nein	Nein	Ja	Nein	Nein
-ewozaako	defend	-wolereza	Nein	Ja	-wolereza	Nein
-fukuutirira	instigate	Ja	Nein	Ja	Ja	Ja
-fuuza	search	Ja	Nein	Ja	Ja	Nein
-gayaala	negligent	(be lazy)	Nein	Ja	(be lazy)	Nein
-gayaalirira	neglect	-erabira	Nein	Ja	Ja; -erabira	Nein
-genderere	deliberate	-teesa	Nein	Ja	Nein	Ja
-ggalira mu kkomera	imprison	-teeka mu kkomera	Nein	Ja	Ja	Nein
-goba mu nsi	deport	Nein	Nein	Ja	-waŋŋangusa	Nein
-gobya	cheat	-lyakula	Nein	Ja	-lyakula	Nein
-gugumbula	castigate	abuse	Nein	Ja	Ja	Nein
-gulirira	bribe	Ja	Nein	Ja	Ja	Ja
indecent assault	indecent assault	Nein	Nein	Nein	Nein	Nein
-jenjebula	abuse	-vuma	Nein	Ja	-vuma	Nein
-jinga	forge	-vunja	Nein	Ja	Nein	Nein
-jingajinga	forge	Nein	Nein	Ja	Nein	Ja
-jingirira	forge	Nein	Nein	Ja	Nein	Ja
-julira	witness	Ja	Nein	Ja	Ja	Nein
kalebule	defamation	Ja	Ja	Ja	Nein	Ja
kalebule ow´akamwa	slander	Nein	Nein	Ja	Nein	Ja
-kana	extort	Ja	Nein	Ja	Nein	Nein
kantanyi	damages	Nein	Nein	Ja	(akabi; akabenje)	Nein
kaveti	caveat	Nein	Nein	Ja	Nein	Nein
kikontana n´amateeka	illegal	si -a mateeka	Nein	Ja	si -a mateeka	Nein
kimenya amateeka	illegal	si -a mateeka	Nein	Ja	si -a mateeka	Ja
-kkiriza obusobya	plead guilty	Nein	Nein	Ja	Nein	Nein
-kkondo omusango	plead guilty	Nein	Nein	Ja	Nein	Ja
kkondo amenya amayumba amayumba ekiro	burglar	omubbi	Nein	Ja	kkondo; omubbi	Nein
-komera	confine	Ja	Nein	Ja	Ja	Nein
-komola	circumcise	Ja	Nein	Ja	Ja	Ja
-kosa	abuse	-vuma	Nein	-jenjebula	-vuma	Ja
-kuba	assault	beat	Nein	Nein	beat	Ja

-kwasisa amateeka	enforce the law	Nein	Nein	Ja	Ja
-kwata (e.g.omuzzi w´omusango)	arrest	Ja	Nein	Ja	Ja
-lagajjavu	negligent	Ja	Nein	Ja	Nein
-lagajjalira	neglect	Ja	Nein	Ja	Nein
-lamula	judge	Ja	Nein	Ja	Ja
-lebula	slander	-waayiriza	Nein	Ja	Nein
limanda	remand	Nein	Nein	Ja	Nein
-loopa	accuse	Ja	Nein	Ja	Nein
looya	lawyer	ow´amateeka	Nein	Ja	Nein
-lumbaganyi	aggressive	Nein	Nein	Ja	Nein
-lyakula	cheat	Ja	Nein	Ja	Nein
-lyamu olukwe	betray	Ja	Nein	Ja	Ja
malaaya	prostitute	omwenzi	Nein	Ja; omwenzi	Nein
-menya (etteeka)	contravene	Ja	Nein	Ja	Ja
mob justice	mob justice	Nein	Ja	Nein	Nein
obubbi	theft	akabi; obubi	Ja	Ja	engalo
obufiirizibwa	harm	Nein	Nein	akabi	Nein
obufukuutirizi	instigation	Nein	Nein	Nein	Nein
obugulirizi	bribery	Nein	Nein	Nein	Nein
obujambula	terrorism	Nein	Nein	Nein	Nein
obujinzi	forgery	Nein	Nein	Nein	Nein
obujulize	appeal	Nein	Nein	obujulirwa	Ja
obujuluzi	evidence	Ja	Nein	Ja	Ja
obujuluzi bwa byonna ebibaawo	circumstantial evidence	Nein	Nein	Nein	Nein
obujuluzi obukantirize	circumstantial evidence	Nein	Nein	Nein	Nein
obujuluzi obutali bwa lubona	circumstantial evidence	Nein	Nein	Nein	Nein
obukambwe	cruelty	Ja	Nein	Ja	Nein
obukambwe mu maka	domestic violence	Nein	Nein	Nein	Ja
obukambwe mu mukwano	sexual violence	Nein	Nein	Nein	Nein
obukenkene	terrorism	Nein	Nein	Nein	Nein
obukijjanyi	harassment	Nein	Nein	Nein	Ja
obukose	harm	akabi; obubi	Nein	akabi	Nein
obukumpanya	fraud	okulyazaamanya	Nein	Nein	Nein
obukupyakupya	fraud	okulyazaamanya	Nein	Nein	Nein
obulagajjavu	negligence	Nein	Nein	Ja	Nein

Luganda	English					
obulamuzi	magistracy	Ja	Nein	Ja	Ja	Ja
obuliyiro	damages	Nein	Nein	Ja	(akabi; akabenje)	Nein
obulumbaganyi	aggression	Nein	Nein	Ja	Nein	Nein
obulyake	blackmail	Ja	Nein	Ja	Ja	Nein
obulyanguzi	bribery	Nein	Nein	Ja	Nein	Nein
obunyazi	robbery	Ja	Nein	Ja	Ja	Nein
obusibe	confinement	Ja	Nein	Ja	Ja	Ja
obusiguze	seduction	Nein	okukola omuwala omuto olubuto	Ja	enkabawaza	Nein
obusobya	fault	omusango	Nein	Ja	Nein	Ja
obusosozi	discrimination	Nein	Nein	Ja	Nein	Nein
obutaba mwesigwa ku mulimu (e.g. kulya enguzi, kuguliriwa, n'ebirala)	corruption	obuvundu	Nein	Ja	obuvundu	Nein
obutambi	execution	Nein	Nein	Ja	Nein	Nein
obuteebereze bw'obutabako musango	presumption of innocence	Nein	Nein	Ja	Nein	Nein
obutemu	murder	obussi	Nein	Ja	Nein	Ja
obutemu ssaanya	genocide	Nein	Nein	Ja	Nein	Nein
obutulugunyi	torture	okugugumbula	Nein	Ja	Nein	Ja
obuvunaanyizibwa bw'okumatiza kkooti	burden of proof	Nein	Nein	Ja	Nein	Nein
obuvunaanyizibwa obw'emisango egy'ebibonerezo	criminal responsibility	Nein	Ja	Nein	Nein	Nein
obuwaabi	charge	Nein	Nein	Ja	omusango	Ja
obuwaabizi	accusation	omusango	Nein	Ja	omusango	Nein
obuwambuze	kidnapping	Nein	Nein	Ja	Nein	Nein
obuwaŋŋanguse	banishment	Nein	Nein	Ja	Nein	Nein
obuyinza obw'awamu	concurrent jurisdiction	Nein	Nein	Ja	Nein	Nein
obuzza	fine	omutango	Nein	Ja	omutango	Nein
obuzzi bw'omusango	crime	Nein	ekikolwa ekibi	Ja	ekikolwa ekibi	Ja
obwakkondo obumenya amayumba ekiro	burglary	obubbi	Nein	Ja	Nein	Nein
obwakyalakimpadde obw'oku mnyanja	piracy	Nein	Nein	Ja	Nein	Nein

Luganda	English				
obwalupaalanga	delinquency	Nein	Nein	Ja	Nein
obwamalaaya	prostitution	obwenzi	Nein	Ja	Nein
obwejogoozi	promiscuity	Nein	Nein	Ja	Nein
obwenkanya	justice	eby'ensonga	Nein	Ja	Ja
obwenzi	adultery	Ja	Ja	Ja	Ja
obwokerezi	arson	Nein	Ja	Ja	Nein
-okereza	commit arson	Nein	Nein	Ja	Nein
okuba n'obuvunaanyizibwa mu misango gy'ebibonerezo	criminal responsibility	Nein	Nein	Ja	Nein
okubalibwa ng'ataliiko musango	presumption of innocence	Nein	Nein	Ja	ennamula y'emisango
okubba	larceny	obubbi	Ja	Ja	engalo
okubba ebintu mu dduuka	shoplifting	Nein	Nein	Ja	Nein
okubba ng'alina ekissi	armed robbery	Nein	Ja	okubbisa ebissi	Nein
okubbisa ebissi	armed robbery	Nein	okubba ng'alina ekisi	Ja	Nein
okubugirwa	confinement	Nein	Nein	Ja	Nein
okubuusabuusa okusaamu	reasonable doubt	Nein	Nein	Ja	Nein
okugenderera okutta omuntu	attempted murder	Nein	Ja	Nein	Nein
okugezako okwetta yekka	attempted suicide	Nein	Ja	Nein	Nein
okugezesebwa	probation	Nein	Nein	Ja	Nein
okuggyamu olubuto	abortion	Ja	Ja	Ja	okuvaamu olubuto nga terunnatuuka
okugoba mu nsi	deportation	Nein	Nein	Ja	Nein
okujingajinga	forgery	Nein	Nein	Ja	Nein
okujingirira	forgery	Nein	Nein	Ja	Nein
okujulira	appeal	Ja	Ja	Ja	Ja
okukatula omukoppo	infringement of copyright	Nein	Nein	Ja	Nein
okukijanya	harassment	Nein	Nein	Ja	Nein
okukola ekivve ku kisolo	bestiality	Nein	Nein	Ja	Nein
okukola omuwala omuto olubuto	seduction	Ja	Ja	obusiguze	enkabawaza
okukomerwa	confinement	Nein	Nein	Ja	Nein
okukoppolola ebiwandiike n'ebiyiiye by'abalala awatali lusa	infringement of copyright	Nein	Nein	Ja	Nein
okukuba	assault	okulumba	Ja	Ja	Nein
okukuba n'okulumya	battery	Nein	Nein	Ja	Ja
okukwasisa	enforcement	Nein	Nein	Ja	Nein

		okukwata	okukwata omukazi olw'empaka			
okukwata omukazi	rape	Nein	Ja	Ja	Nein	Ja
okukwata omukazi olw´empaka	rape	Nein	Ja	okukwata omukazi	Nein	Nein
okukwata omwana omuto	defilement	Nein	Nein	okwonoona muwala omuto	Nein	Ja
okulimba kkooti	perjury	Nein	Nein	Ja	Nein	Nein
okulumba okw´ensonyi	indecent assault	Nein	Nein	Ja	Nein	Nein
okulumba okw´obuwemu	indecent assault	Nein	Nein	Ja	Nein	Nein
okulumizibwa mu mubiri	personal injury	Nein	Nein	Ja	Nein	Nein
okulya mu nsi olukwe	treason	olukwe	Nein	Ja	olukwe	Nein
okumanya	scienter	Nein	Nein	Ja	omusango gw´okumenya enju n´okuba	Nein
okumenya ennyumba ekiro	burglary	okubbi	Nein	obwakkondo obumenya amayumba ekiro	Nein	Nein
okumenya n´okuyingira	breaking and entering	Nein	Nein	Ja	Nein	Nein
okumenya ndagaano	breach of contract	Nein	Nein	Ja	Nein	Nein
okusibibwa amayisa	life imprisonment	Nein	Nein	Ja	Nein	Nein
okusibibwa obulamu bwe bwonna	life imprisonment	Nein	Nein	Ja	Nein	Nein
okusibira omusibe ebweru	parole	Nein	Nein	Ja	Nein	Nein
okusibirwa	confinement	Nein	Nein	Ja	Nein	Nein
okusibirwa mu bwannamunigina	solitary confinement	Nein	Nein	Ja	Nein	Nein
okusibirwa obwemage	wrongful confinement	Nein	Nein	Ja	obusibe	Nein
okusibwa mu kkomera	imprisonment	obusibe	Ja	Ja	Nein	Nein
okusibwa obwemage	false imprisonment	Nein	Ja	Nein	enkabawaza	Nein
okusigula omuwala	seduction	Nein	Nein	obusiguze	omusango	Ja
okusingibwa omusango	guilt	omusango	Nein	Ja	Nein	Nein
okusingisibwa musango ogw´ekibonerezo	conviction	Nein	okukwata omwana omuto	Ja	Nein	Ja
okusobya ku muwala omuto atannaweza myaka	defilement	Nein	Nein	Ja	Nein	Nein
okusomerwa omusango oguvu-naabiwa	arraignment	Nein	Nein	Ja	Nein	Nein
okusosola	discrimination	Nein	Nein	Ja	Nein	Nein
okussa mu nkola	enforcement	Nein	Nein	Ja	Nein	Nein

okusuula omwana	abandonment of a child	Nein	Nein	Ja	Nein	Nein
okutamba	execution	Ja	Nein	Ja	Nein	Nein
okutigaatiga omukazi	indecent assault	Nein	Nein	Nein	Nein	Ja
okutombagana n'owooluganda	incest	obwenzi	okwenda ku mwana gw'ozaala	Ja	Nein	Nein
okutta kaana akawere	infanticide	Nein	Nein	Ja	Nein	Nein
okutta nnyina	matricide	Nein	Nein	Ja	Nein	Nein
okutta okutali kugenderere	manslaughter	obussi	Nein	Ja	Ja	Nein
okutta omuntu	homicide	Nein	Nein	Ja	Nein	Nein
okuwambula	kidnapping	Nein	Nein	Ja	Nein	Nein
okuwasa abakazi abangi	polygamy	Ja	Nein	Ja	Ja	Nein
okuwera	prohibition	Ja	Nein	Ja	Ja	Nein
okuwozesa	trial	okuwoza	Nein	Ja	Nein	Nein
okuyimiriza okumala akaseera	stay	Nein	Nein	Ja	Nein	Nein
okwegatta n'omukazi olw'empaka	rape	okukwata	okukwata omukazi olw'empaka	okukwata omukazi	Nein	Ja
okwekiika mu mirimu gya kkooti	obstructing justice	Nein	Nein	Ja	Nein	Nein
okwemulugunya	complaint	Ja	Ja	Ja	Ja	Ja
okwenda ku mwana gw'ozaala	incest	obwenzi	Ja	okutombagana n'owooluganda	Nein	Nein
okwerwanako	self-defence	Nein	Nein	Ja	Nein	Nein
okwetaasa	self-defence	Nein	Nein	Ja	Nein	Nein
okwetta	suicide	Ja	Nein	Ja	Ja	Nein
okwetuga	suicide	Nein	Nein	Ja	Nein	Nein
okwewozaako	defence	okuwoza	Nein	Ja	empoza	Nein
okwonoona ebintu mu bugendere-vu	malicious damage to property	Nein	okwonoona ebintu mu bugenderevu	Ja	okwonoona ebintu okw' ettima	Nein
okwonoona ebintu okw' ettima	malicious damage to property	Nein	Nein	Ja	Nein	Ja
okwonoona erinnya ly' omuntu	defamation	kalebule	Ja	Ja	kalebule	Nein
okwonoona muwala omuto	defilement	Nein	okukwata omwana omuto	Ja	Nein	Nein
oludda oluwaabi	prosecution	Nein	Nein	Ja	Nein	Nein
olukujjaana olukyamu mu						

mateeka						
	unlawful assembly	Nein	Nein	Ja	Nein	Nein
olukusa lw'okukwata omuntu	arrest warrant	Nein	Nein	waalanta y'okukwata omuntu	Nein	Ja
olukusa lw'okwaza	search warrant	Nein	Nein	waalanta y'okwaza	Nein	Ja
olukusa olukkiriza okwaza	search warrant	Ja	Nein	waalanta y'okufuuza	Nein	Ja
omubaka wa kkooti	bailiff	Nein	Nein	Ja	Nein	Ja
omubbi	thief	Ja	Ja	Ja	Nein	Nein
omubuuliriza	investigator	Nein	Nein	Ja	Nein	Nein
omudduse	fugitive	Ja	Nein	Ja	Nein	Nein
omufukuutirizi	instigator	Nein	Nein	Ja	Nein	Nein
omugobya	cheat	omulyazaamanyi	Nein	Ja	Nein	Nein
omujambula	terrorist	Nein	Nein	Ja	Nein	Nein
omujulize	appellant	Ja	Nein	Ja	Nein	Ja
omujulizi	witness	Ja	Nein	Ja	Nein	Nein
omujulizi eyaliwo	earwitness	Nein	Nein	Ja	Nein	Nein
omukenkene	terrorist	Nein	Nein	Ja	Nein	Ja
omukuumi w'amakomera	prison warder	Nein	Nein	Nein	Ja	Nein
omukwasamateeka	enforcement officer	Nein	Nein	Ja	Nein	Nein
omulambo	corpse	Ja	Nein	Ja	Nein	Ja
omulamuzi	judge	Ja	Nein	Ja	Nein	Ja
omulebuzi	slanderer	omuwaayirizi	Nein	Ja	Nein	Nein
omulimu gw'okukakasa	burden of proof	Nein	Ja	Ja	Ja	Nein
omuloopi	accuser	Ja	Nein	Nein	Nein	Ja
omulumbaganyi	aggressor	Nein	Nein	Ja	Nein	Nein
omulwanirizi	defender	Nein	Nein	Ja	Nein	Ja
omulyakuzi	cheat	Nein	Nein	Ja	Nein	Ja
omumenyi w'amateeka	offender	omwonoonyi	Nein	Ja	Nein	Ja
omunnamateeka	lawyer	ow'amateeka	Nein	Ja	Nein	Ja
omunyazi	robber	Ja	Nein	Ja	Nein	Ja
omupoliisi	constable	Nein	Nein	Ja	Nein	Ja
omusango	offense	Nein	Nein	Ja	Nein	Ja
omusango gw'ekibonerezo	crime	Nein	Ja	Ja	ekikolwa ekibi	Ja

omusango gw´ekibonerezo ky´okuttibwa	capital offence	Nein	Nein	Nein	Ja	Ja	Nein
omusango gw´okufa	capital offence	Nein	Nein	Nein	Ja	Ja	Nein
omusango gy´obukaba	sexual offence	Nein	Nein	Ja	Ja	Ja	Nein
omusango gy´okukaba	offence against morality	Ja	Ja	Ja	Nein	Nein	Nein
omusango ogutali gwa ntanyi	misdemeanour	Nein	Nein	Nein	Ja	Ja	Nein
omusibe	prisoner	Ja	Ja	Nein	Ja	Ja	Ja
omusibe obutakkirizibwa kwetaba na basibe banne	solitary confinement	Nein	Nein	Nein	Ja	Ja	Nein
omusibe w´olutalo	prisoner of war	Nein	Ja	Ja	Ja	Ja	Nein
omusigire	attorney	Ja	Ja	Nein	Nein	Ja	Ja
omusobya	culprit	Nein	Nein	Ja	Ja	Nein	Nein
omussi	murderer	Ja	Ja	Ja	Nein	Ja	Ja
omutango	fine	Ja	Nein	Ja	Ja	Ja	Ja
omutanyi	felon	Nein	Nein	engassi	Nein	Ja	Nein
omuteeka-mateeka	legislator	Nein	Nein	Nein	Ja	Ja	Nein
omutemu	murderer	Ja	Ja	Ja	Ja	Ja	Ja
omutemu omwendule atta omuntu omututumufu olw´ensonga z´ebyobufuzi	assassin	Nein	omutemu; omute-muzi			omutemu; omussi	Nein
omuvunaanwa	defendant	Ja	omuwawaabirwa	Nein	Ja	Ja	Ja
omuvunaanwa omuto	juvenile offender	Nein	Nein	Nein	Nein	Nein	Ja
omuwaabi	defendant	Ja	Nein	Ja	Ja	Ja	Ja
omuwambuse	fugitive	Nein	Ja	Ja	Nein	Nein	Nein
omuwambuzi	kidnapper	Nein	Nein	Ja	Nein	Nein	Nein
omuwawaabirwa	defendant	Ja	Ja	Ja	Ja	Ja	omuwaabi
omuwolereza	attorney	Ja	omusigire	Ja	Ja	Ja	Ja
omuwolereza w´amateeka	advocate	Ja	Ja	Ja	Ja	Ja	Nein
omuwuuyi	abductor	Nein	Nein	Nein	Nein	Ja	Nein
omuzibiikiriza	accessory after the fact	Nein	Nein	Nein	Nein	Ja	Nein
omuzzi w´emisango ow´olulango	habitual offender	Nein	Nein	Nein	Ja	Ja	Nein
omuzzi w´entanyi	felon	Nein	Nein	Nein	Ja	Ja	Nein
omuzzi w´omusango	offender	(omwonoonyi)		Nein	Ja	Ja	Ja
omuzzi w´omusango gw´okufa	capital offender	Nein	Nein	Ja	Ja	Ja	Nein
omuzzi w´omusango omuto	young offender	Nein	Nein	Ja	Ja	Ja	Nein

omwana omuzzi w'emisango	juvenile delinquent	Nein	Nein	Ja	Nein	Nein
omwemulugunyi	complainant	omuwaabi	Nein	Ja	Nein	Ja
omwenzi	adulterer	Ja	Nein	Ja	Ja	Nein
omwetabi	accessory	Nein	Nein	Ja	Nein	Nein
omwetabi nga ekikolwa tekinnabaawo	accessory before the fact	Nein	Nein		Nein	Nein
omwetabi oluvanyuma lw'ekikola	accessory after the fact	Nein	Nein	Ja	Nein	Nein
omwokerezi	arsonist	Ja	Nein	Ja	Ja	Nein
pulitida	pleader	Nein	Nein	Ja	Ja	Nein
-sala obulere	mutilate	-sala enjola	Nein	Ja	Nein	Nein
-sasuza ensimbi z'obulyake	blackmail	Nein	Nein	Ja	-saba nguzi	Nein
-seemya	seduce	-sendasenda	Nein	Ja	Ja	Nein
semaanisi	summons	Nein	Nein	Ja	Nein	Nein
-siba	imprison	Ja	Nein	-sibira mu kkomera	-sibira mu kkomera	Ja
-siba kaveti	enter a caveat	Nein	Nein	Ja	Nein	Nein
-siba nkulabudde	enter a caveat	Nein	Nein	Ja	Nein	Nein
-sibira	confine	-siba	Nein	Ja	Nein	Ja
-sibira mu kkomera	imprison	-sendasenda	Nein	Ja	-siba	-siba
-sigula	seduce	Nein	Nein	Ja	-sendasenda	-sendasenda
-sindika mu kkomera	commit to prison	Nein	Nein	-sibira mu kkomera	Nein	Ja
-sindika mu nkomyo	commit to prison	Nein	Nein	-sibira mu kkomera	-sibira mu kkomera	-siba
-sobu	culpable	Nein	Nein	Ja	Nein	Nein
-somera omuwawaabira omusango ogumuvunaanibwa	arraign		Nein		Nein	Nein
-sonyiwa	pardon	-awula	Nein	Ja	Ja	Ja
-sosola	discriminate	Ja	Nein	Ja	Nein	Nein
ssaaliwo (okuwoza ssaaliwo)	alibi	-zibira	Nein	Ja	Ja	Nein
-taasa	defend	Nein	Nein	Ja	Ja	Nein
-tabiikiriza n'ebintu ebibi	adulterate	Nein	Nein	Ja	Ja	Ja
-tabiikiriziddwamu ebintu ebibi	adulterated	Ja	Nein	Ja	Ja	Nein
-tamba	execute	Nein	Nein	Ja	Nein	Nein
-tayira	circumcise	-tayirira	Nein	Ja	-tayirira	-tayirira
-teeka amateeka	legislate	Ja	Nein	Ja	Ja	Nein

-temako ebitundu by'omubiri	mutilate	-sala enjola	Nein	Ja	Nein	Nein
-temula	murder	Ja	Nein	Ja	Ja	-tta
-tta	murder	Ja	Nein	-temula	Ja	Ja
-tta ekizinzi	massacre	-tta	Nein	Ja	-tta	Nein
-tta n´amasannyalaze	electrocute	Nein	Nein	Nein	Nein	Nein
-tugumbula	strangle	-tuga	Nein	Ja	Ja	Nein
-tulugunya	torture	-gugumbula	Nein	Ja	Ja	Nein
-vugula	seduce	suborn	Nein	Ja	-seemya	Nein
-vuma	insult	Ja	Nein	Nein	Ja	Ja
-vunaana	accuse	be responsible	Nein	Ja	Ja	Ja
-waaba omusango gw´ekibonerezo	prosecute	-waaba	Nein	Ja	-waaba	Ja
-waabira	accuse	Ja	Nein	Ja	Ja	Ja
waalanta y´okufuuza	search warrant	Nein	Nein	Ja	Nein	olukusa lw´okwaza
waalanta y´okukwata omuntu	arrest warrant	Nein	Nein	Ja	Nein	olukusa lw´okukwata omuntu
waalanta y´okutamba	death warrant	Nein	Nein	Ja	Nein	Nein
waalanta y´okwaza	search warrant	Nein	Nein	Ja	Nein	olukusa lw´okwaza
-wagira	abet	Ja	Nein	Ja	Ja	Nein
-wambula	abduct	(-nyaga)	Nein	Ja	(-nyaga)	Ja
-waŋŋaŋgusa	banish	-goba	Nein	Ja	Ja	Nein
-wera	prohibit	Ja	Nein	Ja	Nein	Nein
-were	prohibited	Nein	Nein	Ja	Nein	Nein
-woza	plead	Ja	Nein	Ja	Ja	Ja
-wuuya	abduct	(-nyaga)	Nein	Ja	(-nyaga)	Nein
-yamba	abet	Ja	Nein	Ja	Ja	Ja
-yaza	search	-noonya	Nein	Ja	Ja	Nein
-yita abajulizi	call witnesses	Nein	Nein	Ja	Nein	Nein
-yonoona	abuse	-vuma	Nein	Ja	-vuma	Ja
-zza omuntu mu nsi gye yava	deport	Nein	Nein	Ja	-waŋŋaŋgusa	Nein
-zza omusango	commit	Ja	Nein	Ja	Nein	Ja

Literaturverzeichnis

Adimola, A.B. 1963. Uganda: the newest `Independent´. In: *African Affairs*, Vol. 62, No. 249. 326-332.

Agbedor, Paul Kofi 2006. Lexical borrowing: The case of Ewe. In: Obeng, Samuel Gyasi und Cecilia Sem Obeng (Hrsg.). *From Linguistisc to Cultural Anthropology: Aspects of Language, Culture and Family Issues in Ghana (West Africa)*. München: LINCOM Europa. 87-110.

Appel, René und Pieter Muysken 1987. *Language Contact and Bilingualism*. London: Edward Arnold.

Arntz, Reiner und Heribert Picht 1991. *Einführung in die Terminologiearbeit*. Hildesheim et al: Olms.

Ashton, Ethel Oostell 1954. *A Luganda Grammar*. London et al: Longmanns, Green.

Bagunywa, Arthur M. et al 2009. *A Concise Luganda-English Dictionary. Enkuluze y`Oluganda n`Olungereza Enfunze*. Kampala: Fountain Publishers.

Baldi, Sergio 2006. Arabic Language Influence in Africa. In: *Studies of the Department of African Languages and Cultures No 39*. Warsaw: Warsaw University. 91-108.

Bareebe, Gerald & Sheila Naturinda 2011. *Kabaka Summons Lukiiko over Bill*. Online-Publikation, http://allafrica.com/stories/201101101140.html [30.5.2011].

Batibo, Herman M. & Franz Rottland 2001. The Adoption of Datooga Loanwords in Sukuma and its historical Implications. In: *Sprache und Geschichte in Afrika*. SUGIA. Bd. 16/17. Köln: Rüdiger Köppe. 9-50.

Bauer, Laurie 2000. System vs. norm: coinage and institutionalization. In: Burkhardt, Armin et al (Hrsg.). *Morphologie*. Bd. 17, Vol. 1. Berlin und New York: Walter de Gruyter. 832-840.

Blackledge, George R. 1911. *Luganda-English and English-Luganda Vocabulary*. London: SPCK.

Branford, William & J.S. Claughton 2002. Mutual Lexical Borrowings among some Languages of Southern Africa: Xhosa, Afrikaans and English. In: Mesthrie, Rajend (Hrsg.). *Language in South Africa*. Cambridge: University Press. 199- 215.

Brown, Douglas und Peter A.P.J. Allen 1968. *Introduction to the law of Uganda.* London und Lagos: Sweet & Maxwell und African Universities Press.

Bußmann, Hadumod 2002. *Lexikon der Sprachwissenschaft.* Stuttgart: Alfred Kröner.

Busse, Dietrich 1991. Juristische Fachsprache und öffentlicher Sprachgebrauch. Richterliche Bedeutungsdefinitionen und ihr Einfluss auf die Semantik politischer Begriffe. In: Liedtke, Frank et al (Hrsg.). *Begriffe besetzen. Strategien des Sprachgebrauchs in der Politik.* Opladen: Westdeutscher Verlag. 160-185.

Busse, Dietrich 1998. Die juristische Fachsprache als Institutionensprache am Beispiel von Gesetzen und ihrer Auslegung. In: Hoffmann, Lothar et al (Hrsg.) *Fachsprachen- Ein internationales Handbuch zur Fachsprachenforschung.* Bd. 14, Vol. 1. Berlin und New York: Walter de Gruyter. 1382-1391.

Bynon, Theodora 1977. *Historical Linguistics.* Cambridge: Cambridge University Press.

Caney, John Charles 1984. *The Modernisation of Somali Vocabulary, with particular Reference to the Period from 1972 to the Present.* Hamburg: Helmut Buske.

Cole, Desmond T. 1967. *Some features of Ganda linguistic structure.* Johannesburg: Witwatersrand.

Cook, Albert R. 1921. *A medical vocabulary in Luganda.* London: Society for Promoting Christian Knowledge (SPCK).

Crabtree, W.A. 1902. *Elements of Luganda Grammar.* London: SPCK.

Criper, Clive und Peter Ladefoged 1971. Linguistic Complexity in Uganda. In: Whiteley, Wilfred H. (Hrsg.). Language Use and Social Change: Problems of Multilingualism with Special Reference to Eastern Africa - studies presented and discussed at the Ninth International African Seminar at University College, Dar es Salaam, December 1968. London: Oxford University Press for the International African Institute (IAI). 145-159.

Daum, Ulrich 1981. Rechtssprache eine genormte Fachsprache? In: Der öffentliche Sprachgebrauch, Band II: Die Sprache des Rechts und der Verwaltung. Stuttgart: Deutsche Akademie für Sprache und Dichtung. 83-99.

Donalies, Elke 2005. *Die Wortbildung des Deutschen. Ein Überblick.* Tübingen: Gunter Naar.

Drolc, Uschi, Caroline Frank und Franz Rottland 1999. *A linguistic Bibliography of Uganda*. Köln: Rüdiger Köppe.

Drozd, Lubomir und Wilfried Seibicke 1973. *Deutsche Fach- und Wissenschafts - sprache: Bestandsaufnahme, Theorie, Geschichte*. Wiesbaden: Brandstetter.

Durkin, Philip 2009. The Oxford guide to Etymology. New York et al: Oxford University Press.

Engberg, Jan 1997. *Konventionen von Fachtextsorten: kontrastive Analysen zu deutschen und dänischen Gerichtsurteilen*. Tübingen: Narr.

Foundation for Human Rights Initiative (FHRI) 2009. *Background*. http://www.fhri.or.ug/aboutus.html [1.6.2011].

Fleischer, Wolfgang 2000. Die Klassifikation von Wortbildungsprozessen. In: Burkhardt, Armin et al (Hrsg.). *Morphologie*. Bd. 17, Vol. 1. Berlin und New York: Walter de Gruyter. 886-897.

Fletcher, Richard (Hrsg.) 2006. *A Dictionary of Criminal Law Terms*. Oxford et al: Oxford University Press.

Fraas, Claudia 1998. Lexikalisch-semantische Eigenschaften von Fachsprachen. In: Hoffmann, Lothar et al (Hrsg.). *Fachsprachen: Ein internationales Handbuch zur Fachsprachenforschung*. Bd. 14, Vol. 1. Berlin und New York: Walter de Gruyter. 428-437.

Fromkin, Victoria und Robert Rodmann 1998. *An Introduction to language*. Fort Worth et al: Harcourt Brace College Publ.

Fluck, Hans-Rüdiger 1996. *Fachsprachen: Einführung und Bibliographie*. Tübingen et al: Francke.

Galdia, Marcus 2009. *Legal Linguistics*. Frankfurt et al: Peter Lang.

Garner, Bryan A. (Hrsg.) 2000. *A Handbook of Criminal Law Terms*. Minnesota: West Group.

Geider, Thomas 1995. Lehnwort- und Neologismenforschung. In: Miehe, Gudrun und Wilhelm J.G. Möhlig (Hrsg.). *Swahili-Handbuch*. Köln: Rüdiger Köppe. 323-337.

Hacken, Pius Ten 2000. Derivation and Compounding. In: Burkhardt, Armin et al (Hrsg.). *Morphologie*. Bd. 17, Vol. 1. Berlin und New York: Walter de Gruyter. 349-360.

Harjula, Lotta 2004. *The Ha Language of Tanzania: Grammar, Texts and Vocabulary*. Köln: Köppe.

Haugen, Einar 1972. The Analysis of Linguistic Borrowing. In: Scherabon Firchow, Evelyn et al (Hrsg.). *Studies by Einar Haugen: presented on the occasion of his 65th birthday, April 19, 1971*. The Hague: Mouton. 161-185.

Haydon, Edwin S. 1962. Legal Publications in an African Vernacular. In: *Journal of African Law*, Vol. 6, No. 3. 179-191.

Heath, Jeffrey 2001. Borrowing. In: Rajend Mesthrie (Hrsg.). *Concise Encyclopedia of Sociolinguistics*. Amsterdam et al: Elsevier. 432-442.

Heusing, Gerald 2006. Loan-words in Alur (Western Nilotic). In: Heusing, Gerard (Hrsg.). *Sprach- und literaturwissenschaftliche Beiträge zum 16. Afrikanisten-tag: Leipzig, 25./26.9.2003*. Berlin et al: LIT. 57-79.

Hock, Hans Henrich 1986. Principles of Historical Linguistics. Berlin et al: Mouton de Gruyter.

Hockett, Charles Francis 1958. *A course in modern linguistics*. New York. MacMillan.

Hoffmann, Lothar 1987. Kommunikationsmittel Fachsprache. Eine Einführung. Berlin: Akademischer Verlag.

Hyman, Larry M. 1970. The Role of Borrowing in the Justification of Phonological Grammars. In: *Studies in African Linguistics 1*. 1-48.

Idris, Hélène Fatima 2004. *Modern Development in the Dinka language*. Göteborg: Göteborg University.

Ingham, Kenneth 1963. Uganda's Mystique of Independence. In: *African Affairs*, Vol. 62, No. 249, 29-39.

International Criminal Court 2003. *Judge Daniel David Ntanda Nsereko (Uganda)*. http://www.icccpi.int/Menus/ICC/Structure+of+the+Court/Chambers/The+Judge s/The+Judges/Judge+Daniel+David+Ntanda+Nsereko/Judge+Daniel+David+Nt anda+Nsereko.htm [11.1.2011].

Jakob, Karlheinz 1998. Techniksprache als Fachsprache. In: Hoffmann, Lothar et al (Hrsg.). *Fachsprachen: Ein internationales Handbuch zur Fachsprachen- forschung.* Bd. 14, Vol. 1. Berlin und New York: Walter de Gruyter. 142-150.

Kaggwa, Ahmed 1992. *Landwirtschaftliches Wörterbuch: Luganda-Deutsch.* Magister- arbeit. Universität zu Bayreuth.

Kakaire, Apolo et al 2010. *Ekitabo ekiyamba okumanya amateeka.* Kampala: Founda- tion for Human Rights Initiative (FHRI).

Kasfir, Nelson 1968. The 1967 Uganda constituent Assembly Debate. In: *Transition,* No. 33, 52-56.

Katamba, Francis X. und Franz Rottland 1987. Syllable Structure and English Loan- words in Luganda. In: Beckhaus-Gerst, Marianne et al (Hrsg.). *Afrikanistische Arbeitspapiere (AAP) 9.* Köln: Institut für Afrikanistik. 77-101.

Katamba, Francis 2003. Bantu Nominal Morphology. In: Nurse, Derek und Gérard Philipson (Hrsg.). *The Bantu Languages.* London et al: Routledge. 103-120.

Kießling, Roland 2001. The integration of Bantu Loans into Burunge (Southern Cushitic). In: *Sprache und Geschichte in Afrika.* SUGIA. Bd. 16/17. Köln: Rü- diger Köppe. 213-238.

Kiingi, Kibuuka B. (Hrsg.). 2009. *Enkuluze ya Oluganda eya e Makerere.* Kampala: Fountain Publishers.

Kirwan, B.E.R. und P.A. Gore 1951. *Elementary Luganda.* Kampala: Uganda Book- shop.

Kisubika-Musoke, E.M. 1986. *Tense-Formation in Luganda and some Problems related to learning English.* Kampala: Uganda Bookshop.

Kitching, Arthur L. und George R. Blackledge 1925. *A Luganda-English and English- Luganda Dictionary.* Kampala et al: Uganda Bookshop et al.

Klute, Wilfried (Hrsg.) 1975. *Fachsprache und Gemeinsprache: Texte zum Problem der Kommunikation in der arbeitsteiligen Gesellschaft.* Frankfurt am Main et al: Diesterweg.

Knappert, Jan 1970. Contribution from the Study of Loanwords to the Cultural History of Africa. In: Dalby, David (Hrsg.). *Language and History in Africa.* London: Frank Cass & Co. 78-88.

Knappert, Jan 1972-1973. The Study of Loan Words in African Languages. In: Dammann, Ernst et al (Hrsg.). *Afrika und Übersee* 59. Berlin: Dietrich Reimer. 283-308.

Köppe, Rüdiger 1998. Entwicklung der Rechtsterminologie im Swahili am Beispiel grundlegender Konzepte des tansanianischen Eherechts. In: Fiedler, Ines et al (Hrsg.). *Afrikanische Sprachen im Brennpunkt der Forschung: linguistische Beiträge zum 12. Afrikanistentag, Berlin, 3.-6.Oktober 1996.* Köln: Rüdiger Köppe. 215-229.

Ladefoged, Peter, Ruth Click und Clive Criper 1972. *Language in Uganda.* New York et al: Oxford Unviersity Press.

Lehiste, Ilse 1988. *Lectures on Language Contact.* Cambridge et al: MIT.

Lehmann, Winfred P. 1969. *Einführung in die historische Linguistik.* Heidelberg: Carl Winter.

Lewis, Paul M. (Hrsg.) 2009. *Ethnologue: Languages of the world. Sixteenth edition.* Dallas, Texas: SIL International. Online Version. www.ethnologue.com [25./30.5.2011].

Low, Donald A. 1971. *Buganda in Modern History.* Berkely and Los Angeles: University of California Press.

Mazrui, Ali A. 1971. Islam and the English language in East and West Africa. In: Whiteley, Wilfred H. (Hrsg.). *Language Use and Social Change: Problems of Multilingualism with Special Reference to Eastern Africa - studies presented and discussed at the Ninth International African Seminar at University College, Dar es Salaam, December 1968.* London: Oxford University Press for the International African Institute (IAI). 179-197.

Möhn, Dieter und Roland Pelka 1984. *Fachsprachen. Eine Einführung.* Tübingen: Niemeyer.

Morris, Henry F. und James S. Read 1966. *Uganda: the Development of its Laws and Constitution.* London: Stevens & Sons.

Mosha, M. 1971. Loan-words in Luganda: a Search for Guides in the Adaption of African Languages to Modern Conditions. In: Whiteley, Wilfred H. (Hrsg.). *Language Use and Social Change: Problems of Multilingualism with Special*

Reference to Eastern Africa - Studies presented and discussed at the Ninth International African Seminar at University College, Dar es Salaam, December 1968. London: Oxford University Press for the International African Institute (IAI). 289-308.

Mukama, R.G. 1991. *Getting Ugandans to speak a Common Language! Changing Uganda.* Kampala: Fountain Publishers.

Mulira, Enoch M.K. und E. G.M. Ndawula 1952. *A Luganda-English and English-Luganda Dictionary.* London: SPCK.

Myers Scotton, Carol und John Okeju 1972. Loan Word Integration in Ateso. In: *Anthropological Linguistics,* Vol. 14, No. 9. Bloomington: Indiana University. 368-382.

Myers-Scotton, Carol und John Okeju 1973. Neighbours and lexical borrowing. In: *Language*, Vol. 49, No. 4. 871-889.

Myers-Scotton, Carol 2002. *Contact Lingustics: bilingual encounters and grammatical outcomes.* Oxford et al: Oxford University Press.

Naumann, Bernd und Petra M. Vogel 2000. Derivation. In: Burkhardt, Armin et al (Hrsg.). *Morphologie.* Bd. 17, Vol. 1. Berlin und New York: Walter de Gruyter. 929-943.

Nelson, Daniel 1968. Newspapers in Uganda. In: *Transition,* No. 35, 29-33.

New Vision online 2000. *Company Profile.* http://www.newvision.co.ug/V/ [27.5.2011].

Niederhauser, Jürg 1999. *Wissenschaftssprache und populärwissenschaftliche Vermittlung.* Tübingen: Narr.

Nsereko, Daniel David Ntanda 1993. *English-Luganda Law Dictionary.* University of Botswana.

Nsimbi, Michael B. 1962. *Olulimi Oluganda.* Kampala et al: Longmans, Green and Co.

Obeng, Samuel Gyasi 2004. West African Languages in Contact with European Languages. In: Echu, George und Samuel Gyasi Obeng (Hrsg.). *Africa meets Europe: Language Contact in West Africa.* New York: Nova Science Publishers. 9-23.

Olsen, Susan 2000. Composition. In: Burkhardt, Armin et al (Hrsg.). *Morphologie.* Bd. 17, Vol. 1. Berlin und New York: Walter de Gruyter. 897-916.

Osborn , Dan 2010. African Languages in a Digital Age. Challenges and Opportunities for Indigenous Language Computing. Kapstadt: HSRC.

Parry, Kate (Hrsg.) 2000. *Language and Literacy in Uganda.* Kampala: Fountain Publishers.

Pike, Kevin 2006. *English law and legal language: Criminal Law.* Erlangen: Sprachen-Zentrum der Friedrich-Alexander-Universität Erlangen-Nürnberg.

Roelcke, Thorsten 2010. *Fachsprachen.* Berlin: E. Schmidt.

Rowe, J.A. 1969. Myth, Memoir, and Moral Admonition: Luganda historical writing 1893-1969. In: *The Uganda Journal, 33, 1.* Kampala: Uganda Society. 17-40.

Schadeberg, Thilo und Clement Maganga 1992. *Kinyamwezi: grammar, text, vocabulary.* Köln: Köppe.

Schadeberg, Thilo C. 2003. Derivation. In: Nurse, Derek und Gérard Philipson (Hrsg.) *The Bantu Languages.* London et al: Routledge. 71-89.

Sims, Vanessa 2006. *English law and terminology: A guide for practitioners and students.* Baden-Baden: Nomos.

Smieja, Birgit 2003. *Language Pluralism in Botswana: Hope or Hurdle? A Sociolinguistic Survey on Language Use and Language Attitudes in Botswana with Special Reference to the Status and Use of English.* Frankfurt am Main et al: Peter Lang.

Snoxall, Ronald A. 1938. Word Importation into Bantu Language with Particular Reference to Ganda. In: *The Uganda Journal, 5, 3.* Kampala: Uganda Society. 267-283.

Snoxall, Ronald A. (Hrsg.) 1967. *Luganda-English Dictionary.* Oxford: Clarendon Press.

Steger, Hugo 1988. Institutionensprachen. In: *Staaatslexikon.* Bd. 5. Freiburg, Basel, Wien. 125-128.

Steinhart, Edward I. 1999. *Conflict and Collaboration in the Kingdoms of Western Uganda, 1890-1907.* Princeton, New Jersey: Princeton University Press.

Tamanji, Pius N. 2004. Indirect Borrowing: A Source of Lexical Expansion. In: Echu, George und Samuel Gyasi Obeng (Hrsg.). *Africa meets Europe: Language Contact in West Africa.* New York: Nova Science Publishers. 75-88.

Tibatemwa-Ekirikubinza, Lilian 2005. *Criminal Law in Uganda. Sexual Assaults and Offences against Morality.* Kampala: Fountain Publishers.

UNESCO 2000. *Education for All. Country Reports.* www2.unesco.org/wef/ countryreports/country_all.html [10.1.2011].

Walusimbi, Livingstone 1997. The Future of Minority Languages in Uganda. In: Herbert, Robert K. (Hrsg.). *African Lingustics at the Crossraods: Papers from Kwaluseni.* Köln: Rüdiger Köppe. 555-562.

Walusimbi, Livingstone 2001. Multilingual literacies in Uganda: A State of the Art and Challenges for the Future. In: Glanz, Christine und Okot Benge (Hrsg.). *Exploring Mulitlingual Community Literacies: Workshop at the Ugandan German Cultural Society, Kampala, September 2001.* Hamburg: Universität, SFB 538 Mehrsprachigkeit. 9-11.

Walusimbi, Livingstone 2002. The Influence of Foreign Languages on Ugandan Languages: a Case Study of Borrowing in Luganda. In: Rissom, Ingrid (Hrsg.). *Languages in Contrast.* Bayreuth: Breitinger. 55-85.

Wandruszka, Mario 1975. Fachsprachen. In: Klute, Wilfried (Hrsg.). *Fachsprache und Gemeinsprache: Texte zum Problem der Kommunikation in der arbeitsteiligen Gesellschaft.* Frankfurt am Main et al: Diesterweg. 12-14.

Weinreich, Uriel 1977. *Sprache in Kontakt: Ergebnisse und Probleme der Zweisprachig- keitsforschung.* München: Beck.

Wilkins, David P. 1996. Morphology. In: Steger, Hugo et al (Hrsg.). *Kontaktlinguistik: Ein internationales Handbuch zeitgenössischer Forschung.* Bd. 12, Vol. 2. Berlin und New York: Walter de Gruyter. 109-117.

Wiltshire, Caroline und Alec Marantz 2000. Reduplication. In: Burkhardt, Armin et al (Hrsg.). *Morphologie.* Bd. 17, Vol. 1. Berlin und New York: Walter de Gruyter. 557-567.